Vom Transporter zum Camper

-

John Krämer

Inhaltsverzeichnis

Angekommen in Stuttgart (01.06.2008)

Am ersten Juni 2008 kam ich in Stuttgart an. Ab diesem Tag sollte ich meinen Zivildienst in einem Kindergarten in Bad Cannstatt antreten. Wow, es war eine riesige Stadt, hier würde es wohl nie langweilig werden. Mein erster Tag war sehr aufregend, ich hatte direkt den Roller eines Kindes geschrottet. Ich wollte dem Jungen Emanuel nur zeigen, wie gut ich Tricks machen kann, denn nur damit herumzufahren, war ja langweilig. Also zeigte ich ihm, wie man am besten einen coolen Tailwhip springt. Kawooom, knick, knack, der Roller brach in zwei Teile. Wie peinlich, vor allen Kindern. Und das als BMX-Profi!

BMX-Profi? Ja, der Grund, warum ich nach Stuggi gezogen bin, war es, mit meinen Freunden BMX zu fahren, da es dort eine große Szene gab und wir zusammen viel reisten. Wir waren schon überall gewesen, mit dem Regio quer durch Deutschland und mit dem Auto durch Europa, zu jedem Contest, der sich ergab. Wir waren eine BMX Crew, Buddies, die zusammen die Welt erkundeten, um Abenteuer zu erleben. Da kam natürlich der Gedanke auf, nun auch mal meinen Führerschein zu machen. Ähhh, ja... Ich war ja immer nur im Auto mitgefahren, also wäre es ja nun mit zwanzig Jahren auch mal an der Zeit, einen Führerschein zu machen, damit wir flexibler sind und uns abwechseln können, wenn wir wieder die Welt erkunden wollten. Ich hatte eigentlich nie so richtig Lust dazu gehabt, bin ja nicht so autobegeistert wie die meisten anderen, die man so kennt. Hatte nie den Gedanken gehabt, ein eigenes Auto besitzen zu wollen. Nun dachte ich mir aber, es sei doch sicher sinnvoll und man macht es ja nur einmal im Leben, dann hat man ihn ja für immer. Ich meldete mich noch im selben Monat an und sparte mein Geld zusammen. Ich büffelte fleißig jeden Tag mehrere Stunden lang. Ich hatte wohl noch nie so sehr für etwas gepaukt wie für die Theorie der Fahrschule. Ich ging immer zweimal die Woche und es zog sich schon eine ganze Weile hin, aber das Lernen hatte sich gelohnt. Ich konnte alle Fragen auswendig und konnte die Prüfung gut meistern. BESTANDEN, Yay! Der praktische Teil der Fahrschule war dann aber doch die Qual, der Beginn eines Traumas. Ich hatte bis dato noch nie hinter dem Steuer gesessen, wusste absolut gar nichts. Dass da unten drei Pedale waren, war mir neu. Man muss wissen, mein Fahrlehrer war nicht nett und er schien mich von

Sekunde eins an zu hassen. Wir begannen in der Tiefgarage der Fahrschule mit dem einfachen Manöver, "einfach losfahren". Klaro, wenn du noch nie hinter dem Lenkrad gesessen hast und dir überhaupt nicht vorstellen kannst, wie sich so ein Auto fortbewegen soll, dann kannst du sicher nicht die Karre aus der Tiefgarage fahren. Vielleicht mochte der Schwabe halt einfach keinen mit Eberswalder Kanaldeutsch Dialekt. Nachdem ich nun meinen ersten Einlauf vom Herrn Fahrschullehrer bekommen hatte, wechselten wir die Seiten. Ich sollte erst einmal zuschauen, bis wir auf dem Gelände des Cannstatter Wasen (Volksfest) ankamen, damit wir erst einmal das Anfahren erlernen konnten.

Nach einer gefühlten Dreiviertelstunde kamen wir dort an. Er erklärte mir noch einmal grob, was es mit den drei Pedalen auf sich hat, damit ich nun zum ersten Mal ein Automobil selbstständig in Bewegung setzen konnte. Im Grunde musste man das ganz linke Pedal ganz durchdrücken, den Schlüssel umdrehen, den ersten Gang einlegen und einfach nur ganz langsam und gefühlvoll das Pedal loslassen. Die Karre fuhr, sooooooo krass. Das war wohl ein Moment meines Lebens, den ich wohl nie vergessen werde. Ich fühlte mich wie Tom Hanks in "Castaway", als er ganz alleine Feuer machte. Nun war die Fahrstunde auch schon wieder vorbei und der Fahrschullehrer dachte bestimmt, wie viel Freude wir beide noch zusammen haben würden - nicht. Nachdem ich mühselig meine Kohle gespart hatte, um mir die nächste Fahrstunde leisten zu können, vergingen Wochen, Monate und schließlich zwei Jahre. Ich wechselte zwischendurch noch die Fahrschule, da ich mich mit dem Fahrlehrer so sehr gezofft hatte, dass ich dachte, ich sei besser dran bei einer anderen Fahrschule. Die nächste Fahrschule war dann in Stuttgart-West, meine letzte Hoffnung auf einen Führerschein. Ich machte mir gleich einen Termin aus, um dieses Kapitel meines Lebens nun zu Ende zu bringen. Manchmal bleibt ein Traum ein Traum. Meine Hoffnung, einen anderen Fahrlehrer zu bekommen, der Fahrschülern ruhig, sachlich, freundlich und geduldig das Autofahren beibringt, erlosch bei der ersten Fahrstunde. Es war einfach ein Albtraum, wir mochte uns nicht. Wenn jemand nicht für diesen Beruf gemacht ist, dann war er es. Die Zeit war gekommen, meine letzte Fahrstunde vor der Prüfung. Die letzten aufbauenden Worte von ihm waren nur: "John, du wirst das niemals schaffen, du bist einfach zu dumm, Adeele!" Wow, willkommen in Stuttgart. Zwölfter April 2012, acht Uhr morgens, Stuttgart-West, Schwabstraße Ecke Rotebühlstraße. Ich wartete auf meinen Fahrlehrer, wir stiegen ein. Er sagte: "So, heute ist es soweit." Wir fuhren die gleiche Strecke wie letzte Woche, nur dass wir noch den Prüfer abholen mussten. Okay, kein Problem. Ich hatte so ein Glück, es war einfach jede Ampel rot, wir standen zweimal an einem Bahnübergang, das Einparken war einfach und es klappte einfach alles wie am Schnürchen. Die Stunde verging so schnell, dass es sich wie wenige Minuten anfühlte. Ich parkte das Auto an einer Tankstelle am Westbahnhof. Ein kurzer Händedruck vom Prüfer, Gratulation: „Du hast bestanden!" Der Fahrschullehrer sagte nur: „Na endlich, jetzt mach dich weg!" Ich denke, er war begeistert davon, dass wir uns nie mehr wiedersehen werden. Ganz stolz steckte ich nun meinen Führerschein in mein Portemonnaie.

Beginn der Autofahrphobie (01.05.2012)

Es vergingen einige Wochen, bis ich das nächste Mal nach Hause nach Eberswalde fahren wollte, um meinen Eltern und Verwandten meinen Führerschein zu zeigen. Der Beginn meiner Autofahrphobie begann mit der ersten Fahrt zusammen mit meinen Eltern im damaligen Auto, einem Peugeot 406 Kombi. Nachdem ich ihnen stolz meinen Führerschein gezeigt hatte, meinten sie gleich darauf, ob wir eine kleine Spritztour machen wollen. Gesagt, getan. Wir gingen runter zum Auto und stiegen ein, vollkommen ungewohnt, nicht hinten zu sitzen, sondern vorn hinter dem Steuer. Meine Nervosität stieg rapide an. Ich ging noch einmal alles durch. Rückspiegel checken, Außenspiegel checken, Sitzposition checken und anschnallen. Okay, Konzentration! Ich steckte den Schlüssel ins Zündschloss, drückte die Kupplung durch, legte den ersten Gang ein und drehte den Schlüssel um. Der Motor startete, mir wurde heiß, ich fing an, binnen Sekunden schlagartig zu schwitzen. Es lief mir die Stirn entlang, runter über das Gesicht auf meine Oberschenkel. Ich war so sehr konzentriert, dass ich stark angespannt war und dachte, dass ich jeden Moment einen Fehler machen würde. Ich hatte Angst, das Auto auszuparken, wir standen auf einem Hang, die Straße war stark abschüssig und bestand aus Kopfsteinpflaster. Ich setzte den Blinker links, schlug die Reifen ein, schaute ob es frei war und ließ langsam die Kupplung los. Wow, das Auto war so anders als das aus der Fahrschule. Wir bewegten uns zehn Zentimeter, der Motor ging aus. Mein Vater sagte nur, du musst auch etwas Gas geben am Berg. Okay, zweiter Versuch. Bremse drücken, Kupplung drücken, erster Gang und Schlüssel umdrehen. Lasse die Kupplung etwas los, gehe von der Bremse weg und drücke etwas auf das Gas. Yeah, yippie und hurra, wir sind aus der Parklücke heraus und steuern auf die Kreuzung zu.

Erleichtert fuhr ich die zwanzig Meter im ersten Gang zur Kreuzung, setzte den Blinker rechts und bremste leicht. Bevor das Auto zum stehen kam, drückte ich die Kupplung durch, damit der Motor nicht wieder abgewürgt wurde. Ich schaute links, ich schaute rechts und nochmal links, alles frei. Lasse die Bremse langsam los, lasse die Kupplung langsam los und gebe etwas Gas. Bin jetzt schon richtig geübt darin. Wir fuhren durch ganz Eberswalde durch, alles klappte recht gut. Wir fuhren in Richtung Autobahn, bogen links auf den Autobahnzubringer ab. Vor uns fuhr ein riesiger Muldenkipper, ein riesiger gelber LKW, der so groß war wie ein Haus. Ich war so angespannt und sah nichts, plötzlich bog der LKW rechts ein und ich dachte irgendwie, ihm folgen zu müssen. Schließlich waren wir nun auf einer riesigen Baustelle gelandet und die Autofahrer hinter uns, sind uns alle gefolgt. Es holperte und polterte, ich war total verwirrt. Mein Vater fing an zu fluchen und geriet auch in leichte Panik. Kurzum, ich hielt an, setzte den Warnblinker und wir tauschten kurzerhand die Plätze. Es vergingen Monate, bis ich wieder hinter einem Steuer eines Autos saß. Diesmal war es das Auto von Fuhre, eine Mercedes A-Klasse. Das war cool, es war recht klein und überschaubar. Etwas neuer als der Peugeot von meinen Eltern und ich war mit dem Auto auch schneller vertraut. Wir fuhren zu einer Show, wir hatten einen Auftritt. Der Grund, warum ich ja schließlich meinen Führerschein gemacht habe. Wir fuhren bis zum Autobahnparkplatz, um dort zu tauschen. Schnell stieg wieder meine Nervosität an. Ich merkte, wie mir der Schweiß die Achseln herunter lief. Ich blieb auf der rechten Spur und fuhr 80 km/h, bis ich mich dazu aufrang, doch mal den LKW vor uns zu überholen. Ich setzte den Blinker links, schaute ob es frei war und drückte aufs Gas. Mir war schlecht, ich war immer so aufgeregt und hatte Angst, etwas falsch zu machen. Ich fuhr nun ab und zu mal, traute mir jedoch immer weniger zu, ein Auto zu fahren. Schließlich vergingen Jahre, in denen ich kein Auto mehr selbst gefahren bin. Ich hasste regelrecht Autofahren. Anfang 2017 zog unsere neue Mitbewohnerin Julie bei uns in die WG ein. Sie hatte auch ein Auto, das ziemlich gleich war wie das von Fuhre. Sie wollte gerne, dass ich meine Autofahrphobie bekämpfe und schlug vor, dass wir uns ihr Auto teilen. Es entstanden völlig neue Möglichkeiten, also planten mein Kumpel Markus und ich direkt eine 2.000 Kilometer lange Fahrt nach Pula, Kroatien.

Schon Wochen davor hatte ich mega Panik. Der Gedanke an das Autofahren verursachte mir Übelkeit.

Schließlich fuhren wir los. Unglücklicherweise benutzte auch noch zusätzlich eine Freundin von Julie namens Claudi das Auto, welche damit am Tag der Abreise zur Arbeit fuhr. Als ich sie anrief, meinte sie nur, kein Problem, du kannst dir das Auto einfach abholen, es steht in Degerloch. Mh, klar, eigentlich kein Problem, wenn da nur die Tatsache nicht wäre, dass ich noch niemals alleine Auto gefahren bin. Ich sagte ihr am Telefon, dass ich es unmöglich alleine schaffen würde zu fahren, weil ich mir das nicht zutraue und eine Autofahrphobie habe. Ich klärte einfach mit Markus ab, dass wir uns in Degerloch bei der Arbeit von Claudi treffen würden, damit wir zu zweit von dort aus nach Kroatien fahren könnten. Nach den zweitausend Kilometern hatte ich dann schon eine gewisse Sicherheit beim Autofahren bekommen, aber bisher noch immer nicht alleine hinterm Steuer gesessen. Das sollte sich nun ändern. Am 31 März 2018, einen Tag vor meinem 30 Geburtstag, wollte ich mir die Getränke für meine Geburtstagsfeier besorgen. Der Plan war, ich steige ins Auto, fahre einen Kilometer zum Getränkehandel und wieder zurück. Ich hatte die halbe Nacht nicht geschlafen, zu aufgeregt von dem morgigen Tag. Der Wecker klingelte, ich stand auf und putzte mir die Zähne. Ich konnte nichts essen, mir war übel.

Der Moment der Wahrheit war gekommen. Mit wackeligen Beinen ging ich die Treppe herunter, stieg ins Auto ein und atmete tief durch. Ok, ich ging noch einmal alles durch, ich bin schon so viel Auto gefahren, aber es kommt mir vor, als ob ich das noch nie gemacht hätte. Den Schlüssel ins Schloss, die Kupplung drücken, den 1. Gang einlegen, den Blinker links setzen, den Fuß auf die Bremse, die Handbremse lösen und ab ging es. In diesem Moment verspürte ich ein riesiges Glücksgefühl. Es fühlte sich an wie eine Befreiung. Kaum zu realisieren, ich fuhr das Auto ganz alleine. Das war eines der schönsten Gefühle, alles fühlte sich so einfach an, als ob ich nie etwas anderes gemacht hätte in meinem Leben. Mit fast dreißig Jahren, das erste Mal. Wir fuhren mit dem Auto noch auf viele andere Reisen, zum Beispiel zu einem Contest nach La Perche in Frankreich. Bei dem Auto merkte man schnell, dass es immer recht nervig war, die Bikes halb auseinander zu schrauben, um sie und das Gepäck ins Auto verstauen zu können. Vor allem, wenn wir zu viert waren und vier Bikes und Gepäck mitnahmen. Als ich hinten saß, war ich dann schon total platt, nur von der Reise dorthin. Kurz darauf löste sich unsere WG mehr oder weniger auf und ich zog aus in eine eigene Wohnung in Stuttgart-Kaltental. Der Stadtteil lag etwas außerhalb und hatte keinen Supermarkt um die Ecke, so wie es in Stuttgart West der Fall war. Ich musste dann immer jeden Einkauf mit dem Rucksack erledigen, was irgendwie schnell sehr nervig wurde. Da ich mit meiner alten Mitbewohnerin Julie und ihrem Auto nichts mehr zu tun hatte, bin ich nun schon wieder einige Jahre kein Auto mehr gefahren und es kam mir in den Sinn, mich bei Stadtmobile anzumelden, um mir einfach mal gelegentlich ein Auto auszuleihen, um damit einkaufen zu fahren oder am Wochenende mal aus Stuttgart rauszufahren, um mal etwas anderes erleben zu können. Cool war dabei, dass es verschiedene Autoklassen gab. Es gab Kleinwagen, Kombis, Großraumvans und sogar Lastwagen, sodass ich alle verschiedenen Autos mal ausprobieren konnte. Nach einer ganzen Weile merkte ich jedoch schnell, dass selbst wenn man nur Mitglied ist und kein Auto ausleiht, es trotzdem kostet. Wenn man sich mal ein Auto ausleiht, ist es wirklich teuer und einfach nur mega nervig. Es fängt damit an, dass du dir oft sehr früh im Voraus Gedanken machen musst, wann und welches Auto du benötigst. Dann ist es sehr stark abhängig davon, wo du wohnst und wo das nächste Auto steht, welches frei ist. In Stuttgart-Kaltental standen entweder in Stuttgart-Vaihingen an der Universität oder an der Engelboldstraße, welche jeweils drei oder mehr Kilometer entfernt sind. Das heißt, ich reserviere das Auto für eine bestimmte Uhrzeit und muss dabei genau planen, wie lange ich das Auto benötige und es dann auch genau an denselben Standort zurückbringen. Das macht dich wirklich mega unentspannt, da du entweder dich sehr beeilst oder du einfach schon pauschal eine Stunde mehr buchst und danach dann dich darüber ärgerst, dass du bei der Ankunft dann nur dreißig Minuten von der gebuchten Stunden stornieren kannst. Nachdem ich eingekauft hatte, bin ich danach nach Hause gefahren, um meinen Einkauf hoch zu bringen. Danach ging es wieder zurück zum Parkplatz, um das Auto zurückzubringen, dann musste ich wieder drei Kilometer nach Hause laufen. Ich merkte, dass mir das überhaupt nicht passte und suchte eine Alternative. Ich war viel bei Youtube unterwegs und schaute mir viele Videos über viele verschiedene Dinge an und bin dann durch einen Zufall auf ein Video über einen Bulli gestoßen.

Erste Suche nach einem VW-Bus (01.09.2018)

Mich hatte es erwischt, war direkt total verliebt und wusste von nun an, ich brauchte einen VW-Bus. Wie suchte man heutzutage ein Auto? Natürlich gibt es dafür mehrere Apps für das Handy: eBay Kleinanzeigen, Autoscout 24, Mobile.de usw. Ich habe mir natürlich gleich mal alle heruntergeladen und installiert. Wow! Es gibt einfach hunderttausende VW-Busse und vor allem auch für unglaublich hohen Preisen. Ich schaute erstmal durch, T1, T2, T3, T4, T5 und T6. Schnell war mir klar, ein Volkswagen Transporter der ersten Generation bleibt erstmal ein Traum. Ich glaube, selbst wenn ich all mein Geld, das ich jemals verdient habe, gespart hätte, könnte ich mir nicht so einen Wagen kaufen. Es gibt ein überschaubares Angebot im Internet von restaurierten VW T1 von 30.000 EUR bis zu 200.000 EUR. Ich suchte weiter, jetzt eher nach VW T3 Modellen. Einen VW T3 fand ich irgendwie geil, er würde zu mir passen, so einen schönen Brotkasten auf Rädern. Ich schaute Wochen, Monate lang jeden Tag in jeder freien Minute ins Handy. Ich war schon regelrecht süchtig danach, mir die ganze Zeit Autos anzusehen. Ich hatte etwas Geld zusammengespart. Fleißig über drei Jahre lang hatte ich mir eisern circa 4.000 EUR auf mein Sparkonto deponiert. Bei den VW T3 Modellen sieht der Markt doch schon viel größer aus. Man bekommt schon einen ab 2.000 EUR. Naiv und blauäugig hatte ich ein tolles Gefährt gefunden, das mir auf den Bildern gut gefiel. Ich schrieb den Eigentümer des Autos an.

Hallo Sergej,

schicke Karre!

Wann ich vorbeikommen

zum Anschauen?

Viele Grüße,

Johnny aus Stuttgart.

Hallo Johnny

am Samstag bin ich zu Hause.

Ich wohne in Konstanz.

Meine Nummer: 0170…..

Viele Grüße, Sergej.

Ok, ich habe dann seine Adresse erfahren und mir gleich ein Auto bei Stadtmobile reserviert. Einen Opel Corsa, den fand ich immer am besten. Oh man, war ich aufgeregt, habe so etwas noch nie gemacht. Endlich Samstag, erstmal einen Kaffee und noch mal checken, wo Sergej genau wohnt. Wow, shit! Ist ja nicht grad um die Ecke. Egal, schnell zum Auto gelaufen, Karte an die Scheibe gehalten, piep, offen.

Nach zwei Stunden war ich da. Ich weiß noch, wie ich den Aufgang einfach nicht mit gefunden hatte. Ich beschloss, Sergej einfach mal kurz anzurufen. Tuuuuuut, tuuuuut, tuuuuut, nichts. Mhh, ich suchte weiter nach dem Namen. Schaute noch mal ins Handy. Ah, Ok, falsche Hausnummer. Eine weitere dann. Ich klingelte bei Sergej, Ding, Dong! Es rauschte aus dem Lautsprecher, hallo. Ja, ich komme runter in einer Minute. Sergej kam dann auch gleich und führte mich über den Hof bis zum VW T3. Ich sah den Bus schon von Weitem. Er war postgelb und hatte ein weißes Hochdach mit Bullauge an der Seite. Da stand er nun…

(Abbildung ähnlich)

Ich ging ein paar Mal um das Auto herum, hatte mir grob den Grill, die Scheinwerfer, die Blinker und die Stoßstange vorne angeschaut. Ging an die Seiten entlang, schaute unter dem Auto nach und schließlich hinten. Wow, hatte ja keine Ahnung, aber er sah schon ganz schön in die Jahre gekommen aus. Ich sah an vielen Ecken und Kanten

Rost und nach jeder weiteren Minute habe ich mehr Dinge gesehen, die nicht gerade für den Kauf gesprochen haben. Sergej schloss die Heckklappe auf, um mir den Motor zu zeigen. Am Kennzeichen stand schon mal das H am Ende. Er sagte gleich: „Ja, du... Ich weiß nicht, ob er noch mal ein H bekommt bei dem nächsten TÜV." Da war es dann schon bei mir gelaufen. Denn da ich in Stuttgart wohne, benötige ich auf jeden Fall ein H-Kennzeichen. Da es in Stuttgart und in vielen anderen Städten und Ballungszentren in Deutschland Umweltzonen gibt, in denen man nur mit einer grünen Norm-4 Plakette fahren darf, benötige ich, wenn ich mir solch ein Auto zulegen sollte, ein H-Kennzeichen. Denn wenn das Fahrzeug dreißig Jahre alt ist, kann man sein Auto als ein Historisches Fahrzeug anmelden beziehungsweise ummelden. Dann ist das eine Sonderregelung und berechtigt dich dann wiederum auch in Umweltzonen zu fahren. Aber um das begehrte Kennzeichen zu bekommen und es auch behalten zu können, muss das Auto bestimmte Grundlagen erfüllen. Das Auto muss, wie jedes andere in Deutschland, regelmäßig alle zwei Jahre überprüft werden, ob es noch fahrtüchtig ist bei der Hauptuntersuchung. Wenn sich nun beispielsweise herausstellt, dass der Motor einen Defekt hat und dieser ausgetauscht werden muss und der Austauschmotor jünger als 30 Jahre alt ist oder auch von einem anderen Hersteller, dann erfüllt das Auto nicht mehr die Bedingungen für ein historisches Fahrzeug, folglich kann man dadurch das H-Kennzeichen verlieren und muss dann das Auto wieder ummelden. Wir stiegen ein, um das Auto probezufahren. Ich begutachtete das Auto von innen. Mir fiel gleich auf, dass es von außen gelb war und von innen grün. Grün wie Kermit der Frosch. Ist schon etwas ganz Besonderes, in einem alten VW-Bus zu sitzen. Es war super cool, wirklich toll, weil man direkt über den Reifen sitzt und es sich sehr massiv anfühlt, das Lenkrad zu bewegen. „Dann starte mal die Karre!", sagte Sergej. Ich drehte den Schlüssel um, ein kleiner ganz filigraner Schlüssel, total witzig, dass das ein Autoschlüssel war. Der Schalthebel war sehr lang und man benötigte erstmal etwas Übung, um den richtigen Gang zu finden.

Es ging los, ich ließ die Kupplung etwas los und stieg auf das Gaspedal. Es war ein ganz besonderes Schauspiel, von ersten Gang in den Zweiten, vom Zweiten in den Dritten und dann in den Lentzen, den vierten Gang zu schalten. Der Motor war bekanntlich hinten und man hörte ihn sehr deutlich. Wir bogen dann in einem Gewerbegebiet ein. Ohne Servolenkung war das echt sehr mühevoll, das Abbiegen war echt schon mal ein Manöver. Sehr ungewohnt war auch das Gefühl, als wir um die Kurve fuhren, weil man so weit vorn sitzt. Wir suchten uns eine freie Lücke zum Einparken. Das Rückwärtseinparken war dann ein langes Kurbeln in die eine Richtung und ein langes Kurbeln in die andere. Wir fuhren wieder zurück zu Sergej. Es war ein großes Abenteuer für mich und auch wichtig, mal mit einem Oldtimer gefahren zu sein. Ich postete noch schnell ein Bild bei Whatsapp von dem T3. Prompt bekam ich einen Anruf von meiner Mutter. Der Inhalt des Gesprächs war gewesen: „Kauf dir auf gar keinen Fall einen Oldtimer!" Recht hatte sie, es wäre wohl sehr unvernünftig gewesen, als "Fahranfänger" einen 30 Jahre alten Oldtimer, ohne Servolenkung, ohne Airbags, ohne Bremskraftverstärker, ohne eine Knautschzone und ohne alles, was ein modernes Auto ausmacht, zu kaufen. Also wusste ich nun, ich benötige einen VW T5, denn das Auto ist von Werk aus schon mit vielen Dingen ausgestattet, die Standard sind: Servolenkung, Airbag, Katalysator, Antiblockiersystem, Antischlupfregelung, Bremskraftverstärker, Scheibenbremsen etc. Also machte ich mich auf die Suche und schaute alle Apps durch und erstellte mir Suchbenachrichtigungen.

Besichtigung VW T5 (02.08.2020)

Seit nun schon zwei Jahren drehte sich alles nur noch um einen VW-Bus bei mir. Die Suche nach einem VW T5 war viel schwieriger als nach einem VW T3 und die Preise waren wahnsinnig hoch. Die Suche wurde durch bestimmte Kriterien eingeschränkt. Ich suchte natürlich nach einem Benziner, der höchstens 200.000 Kilometer gelaufen war. Da denkt man ja, na gut, was kann denn schon so ein Auto kosten? Erschreckenderweise habe ich dann schnell festgestellt, dass es ganz generell nur wenige Transporter gab, die einen Benzinmotor besaßen. Von 2003 bis 2015 wurden insgesamt 1,65 Millionen VW T5 gebaut, aber auf dem Gebrauchtmarkt waren gefühlt 90 Prozent Dieselfahrzeuge. Bei Mobile.de gab es damals rund 3.400 gebrauchte Diesel, aber nur 60 Fahrzeuge mit Benzinmotor. Der günstigste kostete damals 1.000 EUR und war etwa 3.000 Kilometer gelaufen. Der kostenintensivste lag bei circa 38.000 EUR und war etwa 100.000 Kilometer gefahren. Jetzt konnte man sich so ungefähr ausmalen, wie unfassbar teuer beziehungsweise wertstabil ein VW T5 ist. Die Faszination für den VW T5 war groß. Warum ist gerade dieses Auto so sehr beliebt? Ganz klar, es ist wie ein Schweizer Taschenmesser als Auto. Es gab unzählige

Varianten des Fahrzeugs, die dem Besitzer fast unbegrenzte Möglichkeiten und Flexibilität ermöglichten. Welche verschiedenen Modelle es gab, fragte man sich. Angefangen von den klassischen geschlossenen Kastenwagen über den Kombi, den Caravelle, den Multivan bis hin zum California Camping Mobil. Des Weiteren gab es natürlich gerade für Handwerks-, Straßenbau- oder Gartenlandschaftsbetriebe die Pritschenwagen in Einzel- oder Doppelkabine. Bei dem Transporter und der Caravelle gab es auch eine lange Version mit einem sechzig Zentimeter längeren Radstand. Der Multivan war das beliebteste Modell und deshalb gab es ihn auch noch zusätzlich in verschiedenen limitierten Sondermodellen. Zum Beispiel gab es im Jahr 2011 den VW T5 Multivan Edition 25, zu Ehren des 25-jährigen Jubiläums des Multivan (1986) und im Jahr 2008 den Pan Americana. Der Pan Americana ist im Grunde ein Multivan, der größere Räder hat, fünf Zentimeter höher ist und eine robustere Innen- und Außenausstattung besitzt. Namensgebend dafür ist der Pan American Highway, der vom nördlichsten Punkt Alaskas in Nordamerika bis zum südlichsten Punkt Südamerikas, dem Feuerland, auf rund 48.000 Kilometern führt. Das für mich interessanteste Modell ist der California. Den gibt es seit 1989 erstmals im VW T3. Beim California hat man alle Dinge ähnlich wie beim Multivan, nur dass man noch zusätzlich ein Aufstelldach hat, in dem man schlafen kann, eine Küche und je nach Ausstattung auch einen Schrank. Bei jedem California hat man eine Wohnmobilzulassung und ist deshalb günstiger in der Versicherung als ein Multivan. Ich suchte gute zwei Jahre lang sehr intensiv nach einem T5, es war nie etwas dabei, was mir im Ansatz zusagte. Im Grunde genommen waren alle Autos unter 10.000 EUR über 200.000 Kilometer gelaufen und mehr Geld war ich nicht bereit zu sparen oder mir zu leihen. Schließlich bekam ich eine Nachricht von eBay Kleinanzeigen, dass jemand eine neue Anzeige mit einem VW T5 aufgegeben hatte. Eifrig, stehend im Flur meiner Wohnung, las ich die Anzeige durch. Inseriert wurde ein Volkswagen Transporter 5, geschlossener Kastenwagen mit 116 PS, 5-Gang-Schaltgetriebe, CNG-Gasanlage, drei Sitzplätzen, eine Schiebetür rechts, Heckklappe, Zentralverriegelung und einer Standheizung mit circa 145.000 Kilometern für nur 8.000 EUR. Ich dachte, das müsse doch ein Scherz sein, und rief den Eigentümer sofort an.

Hallo, John hier!

Spreche ich mit Mark?

Ich rufe an, wegen dem Bulli.

Kann ich mir den anschauen,

vielleicht gleich morgen?

> Hallo John!

> Ja klar, wir wohnen in Leimen.

Ja, super! Ok, klingt gut, ich komme.

Kannst du mir noch deine Adresse

schicken?

> Ja, klar. Ich schicke sie dir.

Danke, auf Wiedersehen!

> Bis morgen dann, Ciao!

Ich buchte für den folgenden Montag erneut einen Corsa bei Stadtmobile. Gleich nach der Arbeit fuhr ich los. Konnte es kaum erwarten, dort hinzufahren, um mir das Auto anzuschauen. Ich schaute mir die ganze Zeit die Bilder des Inserats an. Konnte kaum schlafen, weil ich so aufgeregt war. Ich ging noch am selben Tag zur Bank und holte mir mein ganzes Erspartes von der Bank ab. 5.000 EUR in BAR. Man, so viel Geld mitzunehmen, war mir schon ungeheuer zu Mute. Morgens um sechs Uhr fuhr ich los.

Es war eine recht angenehme Fahrt bis dorthin. Kaum angekommen, da sah ich ihn schon stehen. Ich lief ein paar Mal herum, schaute ihn mir gut an. Dann klingelte ich schließlich an der Tür. Er kam gleich raus zu mir. „Hallo, du musst John sein?" „Ja genau, ich wollte mir deinen Bulli ansehen." „Klar", sagte er und schloss ihn gleich auf.

Ich ging erstmal an die Beifahrertür ins Auto hinein und schaute mich um. „Wow, sieht schon ganz schön mitgenommen aus." Der Innenraum wurde durch eine Metallwand zum Laderaum abgetrennt. Es lagen leere Flaschen, Kaffeebecher, Warnwesten, Visitenkarten, Werkzeug und ein Zollstock herum. Es war leider schon dunkel geworden. Wir begutachteten den Laderaum. Mir fiel gleich ein riesiger Metallkasten auf, der mit der Trennwand verbunden war. Viel Müll, Utensilien und Materialien lagen herum. Zementsäcke, Eimer, Spachtel, Mörtelsäcke und Regale mit Schubladen. In dem Metallschrank hinter der Trennwand befanden sich zwei große Metallbehälter. Ich dachte mir, dass es eigentlich ganz cool ist, bestimmt auch etwas günstiger mit Erdgas zu fahren, als mit Benzin. Ich begutachtete weiter das restliche Auto. Versuchte die Heckklappe zu öffnen, welche leider defekt war und sich nur sehr schwergängig von innen öffnen ließ. Ich öffnete die Motorhaube und wir schauten uns den Motor an. Ich konnte nach meiner Einschätzung nichts Ungewöhnliches feststellen, zum einen, weil es schon etwas zu dunkel war und zum anderen, weil ich eh nicht viel über Motoren wusste. Los ging die Probefahrt. Erstmal rückwärts vom Hof runterfahren. Gar nicht mal so einfach, mit so einem großen Kastenwagen. Er hat hinten an den Seiten keine Fenster und deshalb muss man sich sehr auf die beiden Seitenspiegel verlassen. Durch die Heckklappe kann man hindurchschauen, weil dort eine Scheibe ist, nur sieht man nicht alt so viel, weil sie recht weit oben angebracht ist und Personen, Gegenstände oder Hindernisse, die kleiner als einen Meter sind, nicht zu sehen sind. Puh, geschafft! Schon leicht verschwitzt, habe ich es die fünf Meter rückwärts auf die Straße geschafft, ohne etwas zu beschädigen. Erster Gang rein und los ging es in Richtung Autobahn. Als wir auf die Autobahn auffuhren, konnte ich das Auto mal so richtig beschleunigen. 60 km/h im vierten Gang, ich drückte voll auf das Gaspedal. 80 km/h, ich wechselte in den fünften Gang, der Motor heulte auf. Ein Gefühl wie in einem Düsenjet. Nach gefühlten zehn Minuten Bleifuß erreichten wir die Höchstgeschwindigkeit von 165 km/h. Eins war klar, das Auto war kein

Rennwagen, ein Überholmanöver sollte stets gut überlegt sein und erforderte schon einen gewissen Aufwand.

Ich wollte nun mal auf Gasbetrieb umschalten. Dazu musste ich langsamer werden. Mir wurde erklärt, dass ab 100 km/h der Motor eine zu hohe Drehzahl benötigt und es mit der Einspeisung des Erdgases nicht mehr funktioniert und dann wieder automatisch auf Benzin umsteigt. Wir fuhren dann auf einer Landstraße weiter, um zu sehen, wie das Auto mit Erdgas fährt. Das war schon ein sehr komisches Gefühl. Das Auto war im normalen Betrieb mit Benzin und sobald man auf das Gaspedal trat, hörte man von hinten eine Apparatur, die sich nach jedem Mal einschaltet und sich wieder ausschaltet, sobald man das Gaspedal benutzt. Man spürte, wie das Gas unter hohem Druck zum Motor gelangte, um dort schließlich zu verbrennen. Ich merkte auch, dass das Auto mit Erdgas noch viel langsamer beschleunigte, da wahrscheinlich der Wirkungsgrad der Verbrennung im Motorraum viel niedriger war als bei Benzin. Wir fuhren wieder zurück zum Grundstück nach Leimen. Ich parkte das Auto wieder auf der Einfahrt und stieg aus. Ich wusste, jetzt oder nie, jetzt kommt es darauf an, wie gut ich verhandeln kann.

Als gelernter Verkäufer spielte ich alle Tricks aus, die ich gelernt hatte und dachte mir, dass ich ja nichts verlieren konnte, da ich mir auch noch viele andere Autos anschauen konnte. Ich merkte im Laufe der Probefahrt, dass der Verkäufer es wohl sehr eilig hatte, das Auto schnell loszuwerden. Ich ging in Gedanken noch mal alles durch, was mir gefiel und was nicht. Die positiven Punkte überwogen schlichtweg alles. 145.000 Kilometer gelaufen, Baujahr 2008, relativ modernes Auto mit zwei Airbags, ABS, ASR, Zentralverriegelung, Scheibenbremsen und ganz viel Platz. Wir verhandelten. Natürlich war das Ziel, das Auto zu kaufen, aber natürlich auch, den Preis zu drücken. Ich sagte zu ihm: „Bruder, die Kupplung ist ja schon ziemlich im Eimer, die Standheizung ist defekt, der Motor ist übel laut, die Heckklappe ist defekt, die Erdgasanlage hat nur bis 2025 eine Betriebserlaubnis, das Auto ist komplett vermüllt, der TÜV läuft nächsten Monat ab, der Fahrersitz ist beschädigt, die Heizung benötigt ewig, bis es warm wird und schau dir mal das Auto von unten an." Er schaute überlegt, schon regelrecht besorgt. Ich sagte: „Pass auf, Bruder! Ich habe hier 5.000 EUR." Ich zeigte ihm das Geld und sagte zu ihm: „Fünftausend, dann nehme ich ihn auch gleich mit." Er antwortete: „Ey, weißt du, ich habe Kinder, habe mir schon ein neues Auto gekauft. „7.000 EUR, was sagst du?" Ich erwiderte: „6.500 EUR und du machst den TÜV neu." „Mhh, OK, Deal!" Handschlag! Wir gingen runter in den Keller. Er hatte schon einen Vertrag vom ADAC ausgedruckt. Kurz alles ausgefüllt und abgemacht, dass er nochmal mit seiner Familie in den Urlaub fährt, den TÜV macht und wir dann ein Bild von dem TÜV-Dokument via Whatsapp schicken. Ich dann via Banküberweisung zahle und er mir den Schlüssel und den Fahrzeugschein via Einschreiben schickt. „Ok, alles klar! Ich melde mich dann, danke!" Ich verabschiedete mich, stieg wieder in den Corsa ein und fuhr nach Stuttgart zurück.

Der Autokauf (08.08.2020)

Ich rief meine Eltern an, um die freudige Nachricht zu verkünden, dass ich mir ein Auto gekauft hatte. Ich erzählte ihnen kurz alles Wichtige und bat sie darum, mir noch das Kleingeld, das ich noch benötigte, zu schicken. Dann kontaktierte ich noch zusätzlich meinen Kumpel Markus, weil er mir auch angeboten hatte, für diesen Fall Geld zu leihen. Ich hatte Urlaub und war für ein verlängertes Wochenende mit dem Zug zur Ostsee nach Usedom gefahren. Ich verbrachte ein paar Tage beim Zelten. Mein Ziel war der Campingplatz Haffküste in Kamminke. Die Verkehrssituation auf der Insel war mit den öffentlichen Verkehrsmitteln bescheiden, besonders für einen Städter wie mich war es eher eine Zumutung. Der Zug hielt in Heringsdorf und ich musste dann einen Bus suchen, der nach Kamminke fuhr. Ich schaute mich um und suchte auf meinem Handy nach einer Verbindung. In der nächsten halben Stunde fuhr tatsächlich einer und ich wartete an der Haltestelle. 16 Kilometer in 1,5 Stunden – das klang nach einer Abenteuerweltreise. Geschafft, am Ziel angekommen, checkte ich ein und suchte mir einen Platz auf dem Zeltplatz, um mein kleines Zelt aufzubauen. Es war eine herrliche Landschaft dort oben. Ich verbrachte meinen Aufenthalt mit Wandern und Radfahren. Ich fuhr mit dem Fahrrad rüber nach Polen in die Stadt Swinemünde, weiter der Küste entlang bis nach Ückeritz und zurück zum Campingplatz über Benz am Gothensee vorbei. Am Sonntag sollte es wieder zurück nach Hause gehen, also baute ich das Zelt wieder ab und verstaute es im Rucksack. Ich lief mit Sack und Pack zum Hafen von Kamminke rüber, was nur wenige Kilometer waren. Dort angekommen, musste ich leider feststellen, dass am Sonntag kein Bus auf Usedom fuhr. Zum Glück war ich schon so rechtzeitig losgelaufen. Ich rief einen BMX-Kollegen an.

Hallo Martin, ich bin's John!

                  Hi Johnny, alles klar?

Ich bin grad hier bei dir auf

Usedom gestrandet, in

Kamminke am Hafen und

habe grad festgestellt,

dass einfach kein Bus fährt.

Kannst dir mir einen Gefallen

tun? Kannst Du mich

abholen kommen und mich

nach Heringsdorf fahren,

ich muss meinen Zug

erwischen.

Nee, sorry! Ich war gestern auf einen

Geburtstag gewesen und bin immer noch

besoffen.

Ich war sehr sauer, denn ich hatte ihn schon vor einem halben Jahr informiert, dass ich Urlaub auf Usedom machen wollte und eigentlich bei ihm übernachten wollte. Aber er hatte es vergessen und so musste ich notgedrungen auf einen Campingplatz ausweichen. Das war auch das letzte Mal, dass ich Kontakt mit Martin hatte. Na gut, es waren ja nur 16 Kilometer quer durch die Pampa bis zum Bahnhof. Als ich schließlich dorthin lief, war ich so voller Frust, dass ich mich umso mehr darauf freute, in wenigen Wochen ein Auto zu besitzen. Bing! Mein Handy klingelte. Eine neue

Nachricht von Mark aus Leimen. Ein Foto zeigte ein DEKRA-Dokument. Yippy, ich jubelte und schrie so laut ich konnte. Ich war so mega happy. Kurz darauf schrieb ich ihm zurück, dass ich gerade im Urlaub bin und ihm das Geld überweisen werde, sobald ich wieder zu Hause bin. Völlig verschwitzt und außer Atem kam ich schließlich nach gefühlten drei Stunden Fußmarsch am Bahnhof an. Der nächste Regionalexpress fuhr nach einer gefühlten Ewigkeit endlich zurück und nach 15 Stunden Zugfahrt kam ich in Stuttgart an. Noch am selben Abend habe ich eine Überweisung in Höhe von 6.500 EUR an ihn getätigt. Das war wohl eines der unangenehmsten Gefühle, die ich bis dahin je hatte. Ich machte einen Screenshot zur Bestätigung und schickte es ihm.

Anmeldung KFZ (31.08.2020)

Das Warten begann. Ungeduldig wartete ich schon seit Tagen auf den Brief von ihm. Natürlich hatte ich schon Wochen zuvor einen Termin bei der Zulassungsstelle vereinbart, weil ich wusste, dass es wegen Corona oft ewig dauern kann, einen Termin zu bekommen. Am 30.08.2020 kam der Brief an. Ich war nun stolzer Eigentümer eines KFZ und las mir alles genau durch, was auf dem Fahrzeugbrief stand. Am nächsten Morgen hatte ich den Termin bei der Zulassungsstelle in Stuttgart-Zuffenhausen. Ich ging noch einmal durch, was ich alles benötigte, um das Auto anzumelden

- gültiger Personalausweis oder Reisepass.

- EVB-Nummer als elektronische Versicherungsbestätigung.

- Zulassungsbescheinigung Teil I (ehemals Fahrzeugschein)

- Zulassungsbescheinigung Teil II (ehemals Fahrzeugbrief)

- Nachweis der letzten Hauptuntersuchung beim TÜV.

Okay, was hatte ich bisher alles? Meinen Personalausweis, den Fahrzeugschein, den Fahrzeugbrief, den Nachweis von der Hauptuntersuchung von der DEKRA. Es fehlte also nur noch eine EVB-Nummer. Oh Mann, keine Ahnung, ich hatte vorher noch nie ein Auto angemeldet. Also suchte ich im Internet nach einer Versicherung. Garnicht mal so einfach das Ganze. Nach intensiver Suche fand ich schließlich eine. Ich war mir irgendwie schon unsicher, da mein Auto bei der Suche in der Versicherung nicht aufgelistet wurde. Jedes Auto hat eine Herstellernummer, die im Fahrzeugschein, im Fahrzeugbrief und bei meinem an der Frontscheibe unten an der Fahrerseite steht. Mit dieser Nummer konnte ich aber leider mein Auto nicht finden, also wählte ich einfach einen VW T5 Kombi. Dann erhielt ich auch prompt eine Bestätigung per E-Mail. 12 Monate Haftpflicht mit Teilkasko: 1.400 EUR. Na toll…

Nützte ja alles nichts, ich benötigte schließlich die EVB-Nummer. Gleich morgens um acht Uhr hatte ich meinen Termin und stellte mich aufgeregt hinten an der langen Schlange an. Bedingt durch Corona waren nur vier von 15 Schaltern geöffnet, demzufolge wartete ich eine Stunde in der Schlange. Zu dem Zeitpunkt konnte man nur mit einem terminbestätigten Ausdruck und Personalausweis das Gebäude betreten. Nur noch wenige Personen waren vor mir in der Schlange. Es wurde aufgerufen: „Der nächste bitte!" Endlich war ich an der Reihe. Ich ging zielstrebig zum Schalter rüber. „Hallo, ich würde gerne mein Auto anmelden", sagte ich zur Frau am Schalter. „Okay, haben Sie alle Unterlagen dabei?" fragte sie. „Ja, einen Moment." Ich legte alles auf den Tresen, was ich dabei hatte. Sie schaute sich alles genau an und tippte schon mal brav alles in den Computer ein. Nach kurzer Zeit sagte sie dann zu mir: „Ähm, wissen Sie, Herr Krämer, wir können Ihr Auto damit leider nicht anmelden, tut mir leid!" Völlig verwirrt und verschwitzt fragte ich, warum das nicht funktionierte. „Sie haben ein LKW, das steht hier, sehen Sie? Sie benötigen dafür eine LKW-Versicherung. Sie müssen diese am besten heute noch kündigen und sich eine für LKW besorgen. Ich erstelle Ihnen hier jetzt ein rosa Dokument, damit dürfen Sie heute noch einmal ohne Termin wiederkommen. Dann können wir Ihr Auto anmelden, und Sie können sich die Nummernschilder holen." Ich fuhr direkt mit der Straßenbahn zur Arbeit. Dort angekommen, kündigte ich sofort die Versicherung und schloss beim ADAC eine neue Versicherung für LKW ab. Mit meiner Fahrzeugnummer fand ich dort auch gleich eine passende Versicherung, die deutlich günstiger war als die andere, die ich gekündigt hatte. Mit der Bestätigungsmail und der neuen EVB-Nummer ging ich dann direkt zurück zur Zulassungsstelle. Dort angekommen, hatte ich mich neben der Schlange bis zum Eingang durchgerungen und dem Personal erklärt, dass ich mit dem rosa Schein noch einmal zum Schalter gehen kann. Gott sei Dank, ohne viel Palaver, durfte ich auch prompt ins Gebäude und mich nochmal an die nächste Schlange anstellen. Nur noch wenige Minuten warten, es standen nur noch zehn Leute vor mir. Ich stand schon komplett neben mir, war total geschwitzt, hatte einen hohen Puls und wusste nicht, was mich nun noch erwartet. Ich ging zum freien Schalter rüber, hinter dem Schalter saß die Frau, die mich vormittags bereits bedient hatte. Sie begrüßte mich und freute sich, mich wiederzusehen. Sie sagte dann zu mir: „Na, nun probieren wir es jetzt mal mit der LKW-Versicherung?" Mir war an diesem Tag nicht mehr nach Scherzen zumute. Ich legte nun zum zweiten Mal alle Unterlagen auf den Tresen. Sie tippte wieder alles in den Computer ein. Sie schaute zu mir rüber, während sie schrieb und signalisierte mir, dass nun alles passt. „Haben Sie ein Wunschkennzeichen für Ihr Fahrzeug?" fragte sie. „Mh, bin gerade überfragt", sagte ich.

Sie meinte, dass die Anfangsbuchstaben vom Namen und das Geburtsjahr Klassiker seien. „Mh, okay, dann S-JK 1488 vielleicht?" schlug ich vor. Sie schaute im Computer nach, ob es noch frei war. „Herr Krämer, heute ist Ihr Glückstag, das Kennzeichen ist noch frei und kostet Sie auch keine Extragebühr." „Super, dann gehen Sie dort zum Automaten rüber und gehen eine Etage tiefer zu den Kollegen. Dort warten Sie nochmal und bekommen Ihre neuen Fahrzeugpapiere und einen Beleg für die Nummernschilder." Total erleichtert begab ich mich zum Automaten und zahlte schnell die Gebühr. Danach ging ich nach unten und wartete auf einer Bank. Nach einer kurzen Weile bekam ich alle Dokumente, die ich brauchte und ging zur Schilderbude rüber. Nach einer weiteren Gebühr bekam ich meine Kennzeichen. Juhu, yippie, ich habe es geschafft! Leider stellte ich nach kurzer Zeit fest, dass meine Wahl der Nummernschilder nicht so gut überlegt war. Nach einem Kommentar eines Freundes googelte ich schnell und erfuhr, dass die Zahlen 14 und 88 in bestimmten Kombinationen wie HH, KZ, SS, SA, HJ und so weiter in Deutschland und Österreich verboten sind, da sie mit dem Nationalsozialismus in Verbindung gebracht werden. So ein FAIL, SHIT! Wie dumm! Warum hat mir das die nette Frau Sachbearbeiterin nicht gesagt??? Egal, dachte ich mir, ich lasse es so lange, bis mir jemand den Spiegel abtritt. Ist ja nicht so offensichtlich…

Abholung KFZ (02.09.2020)

Versicherungsbeitrag jährlich		Versicherungsteuer		Versicherungsbeitrag (einschl. Versicherungsteuer)
	in EUR	in %	in EUR	in EUR
Kfz-Haftpflichtversicherung Beitragssatz 60% (Klasse 0)	483,13	19,00	91,79	574,92
Kfz-Teilkaskoversicherung	266,61	19,00	50,66	317,27
Summe Folgebeitrag				892,19

Am Wochenende setzte ich mich gleich in den Zug, um nach Leimen zu fahren, um dort mein nun endlich erstes eigenes Auto abzuholen. Ich lief zur S-Bahn Haltestelle Österfeld und wartete auf den Zug. Zum Glück fahren dort häufig Züge zum Stuttgarter Hauptbahnhof. Auf dem Gleis vier stieg ich in den IRE 1 nach Karlsruhe um, dann in Mühlacker in den RE 17 nach Heidelberg, weiter in Wiesloch-Walldorf in den RB 68 nach Frankfurt (M) und schließlich stieg ich in St. Ilgen-Sandhausen aus. Nach gemütlichen zwei Stunden bin ich voller Vorfreude zur Adresse gelaufen. Gemütliche

30 Minuten später kam ich an und sah meinen Bulli schon von Weitem stehen. Ich montierte schnell noch die Nummernschilder und klingelte kurz an der Tür des Vorbesitzers, um mitzuteilen, dass ich nun das Auto mitnehme. Nach einem kurzen Smalltalk kehrte ich zum Auto zurück, schloss die Türen auf, schaute noch einmal kurz hinten rein und setzte mich hinter das Lenkrad auf den Fahrersitz. Ein tolles Gefühl. Voller Glücksgefühle und Zufriedenheit steckte ich den Schlüssel ins Zündschloss und drehte um. Sofort sprang er an und ich legte den Rückwärtsgang ein. Bing, da leuchtete auch schon die gelbe Tankanzeige auf. Super, was für ein Typ, hatte er doch den ganzen Tank leer gefahren. Ich schaute auf den Kilometerstand und traute meinen Augen kaum. Den Vertrag unterschrieben mit 145.000 Kilometer, bekam ich die Karre mit 148.000 Kilometer. Ok, dachte ich mir, er sagte ja, dass er noch mal in den Urlaub fahren wollte.

Ich schaute auf dem Handy nach der nächsten Tankstelle, war schon leicht gestresst, weil ich nicht wusste, wie weit ich überhaupt kommen würde. Zum Glück war die nächste Tankstelle nur drei Kilometer weit weg. Kurz dort hingefahren und an der Zapfsäule angehalten. Ich schaute kurz, was ich eigentlich tanken musste, nahm den Benzin-E5-Zapfhahn und tankte erstmal voll. Yo, da passte so einiges rein. Nach 80 Litern war das Auto voll und ich war 140 EUR ärmer. Auf zurück nach Stuttgart. Nach einer angenehmen Autofahrt kam ich sicher und stolz nach Hause zurück und parkte vor der Tür. Angenehmerweise war so gut wie immer in meiner Straße ein freier Parkplatz. Nun hatte ich Zeit dafür, mir zu überlegen, wie ich mein neues Gefährt ausbauen konnte.

Einbau Boden, Dämmung (14.09.2020)

Ich überlegte mir, mit dem Ausbau anzufangen und begann zunächst mit dem Boden. Dafür fuhr ich zum Bauhaus in Stuttgart-Möhringen, meinem Lieblingsgeschäft. Ich schlenderte ein wenig durch die Gänge, bis ich die Abteilung mit den Parkettböden gefunden hatte. Ich hatte mich schon grob darüber informiert, wie man das am besten macht, wollte aber nicht allzu viel Geld ausgeben. Viele isolieren ihre Vans mit Armaflex, einem Kautschuk-Material, das häufig im Sanitärbereich verwendet wird. Es isoliert und dämmt und lässt sich einfach bearbeiten, da es auf einer Seite selbstklebend ist und sich leicht zuschneiden lässt. In der Abteilung sah ich Trittschall-Isoliermaterial, das besonders bei Parkettböden Verwendung findet. Da ich nicht wusste, wie viele Pakete ich benötigte, nahm ich einfach mal 6 Stück davon und legte sie in meinen Einkaufswagen. Weiter ging es mit dem Boden. Ich habe lange überlegt und bin den Gang hin und her gefahren, weil ich nicht wusste, was ich wollte. Dann, nach langem Nachdenken, entschloss ich mich doch dazu, mir einen richtigen Parkettboden aus Holz zu holen, sogar "Made in Germany". Mir war es wichtig, einen schönen Boden aus echtem Holz zu haben, anstatt einen PVC-Boden mit Holzoptik. Nun benötigte ich noch Silikon, um die Fugen zwischen der Metallwand und dem Parkett abzudichten. Natürlich brauchte ich auch noch Werkzeug und gönnte mir einen handlichen Akkuschrauber und eine Akkuflex, da ich vorhatte, mein Auto auf der Straße auszubauen.

Alles kam in den Einkaufswagen und ab ging es zur Kasse. Ich ging selbstbewusst zur SB-Kasse, da ich selbst scannen konnte und es auch einfach schneller ging. 300 EUR später verließ ich fröhlich den Laden, verstaute die Sachen im Auto und fuhr zurück nach Hause, um gleich mit der Arbeit zu beginnen. Dort angekommen, legte ich den Boden mit der Trittschall-Isolierung aus und überlegte, wo ich am besten mit dem Verlegen des Parketts beginnen sollte. Ich errechnete grob, dass ich, wenn ich die Paneele längs verbaue, am wenigsten Verschnitt haben würde. Demnach fing ich hinter dem Fahrersitz an und arbeitete mich dann Stück für Stück bis nach hinten zum Heck durch. Sehr knifflig war es, die Paneele um die Radkästen und die Flächen hinter den Rückleuchten zu sägen. Da ich nicht viele Versuche hatte, weil das Parkett recht teuer war, entschied ich mich aufgrund meiner Tüftler- und Bastlerfähigkeiten dazu, eine Schablone aus Pappe anzufertigen. Ich drückte ein etwa 1/2 Quadratmeter großes

Stück Pappe in die Rundungen und zeichnete mit einem Stift die Konturen nach, um anschließend entlang der Linien auszuschneiden. Nun war die Schablone fertig und ich konnte sie nutzen, um die Maße auf dem Paneel zu markieren. Aus Europaletten, von denen wir massenweise im Keller bei der Arbeit hatten, baute ich mir eine kleine Werkbank zusammen, um die Paneele mit meiner neuen Akkustichsäge passgenau zuzuschneiden. Mit Fugensilikon dichtete ich die Kanten ab und zog die Naht mit meinen Finger glatt. Nach 6 ½ Stunden hatte ich den Boden verlegt. Feierabendbier! Prooost!

Ein neuer Tag, ein neues Glück. Am 20.09.2020 ging es weiter mit dem Isolieren der Wände. Ich hatte mir überlegt, die Trittschall-Isolierung auch an den Wänden zu fixieren. Dafür nahm ich ein doppelseitiges Klebeband und schnitt mir circa 30 Zentimeter große Bahnen ab. Dies klebte ich in ungefähr gleichen Abständen zueinander an den Wänden an. Mit dem Cuttermesser schnitt ich mir die Isolierung zurecht und drückte diese dann an den Wenden an. Jede Platte musste ich zurecht schneiden, damit diese genau passten. An der Schiebetür war alles etwas mehr Arbeit, da die Tür enge und recht schwer zugängige Taschen hat, um die Zentralverriegelung, Kabel und das Schloss zu verstauen. Die Konstruktion ist ein Rahmen aus Metall, um die Tür mehr Stabilität zu gewährleisten.

Nachdem ich die erste Schicht an den Wänden angebracht hatte, folgten wieder mehrere Bahnen Klebeband um die nächste Schicht Isolierung zu fixieren. Insgesamt wurden vier Schichten Isolierung verwendet. Die Radläufe habe ich zusätzlich noch mit Vliesstoff und einer Lage Isolierung beklebt, um auch dort etwas Schutz vor der Kälte und vor allem auch um eine Geräuschdämmung zu erzielen. Nach sieben Abende und insgesamt um die 6 Stunden Arbeitszeit war ich damit durch. Der nächste Schritt, die Wände mit Holz verschrauben. Wir hatten auf der Arbeit eine Menge Holzpaletten, da wir häufig Ware auf Europaletten bekommen. Es gibt verschiedene Arten der Europaletten. Zum einen gibt es die bekannten Standard EUR Paletten. Die Standardpaletten nach EN 13698-1 sind sogenannte mehrwegfähige Transportpaletten mit einer Grundfläche von circa einem Quadratmeter und den Maßen $120 \times 80 \times 144$ Zentimeter, sowie einem Eigengewicht von 20 bis 30 Kilogramm. Sie besteht aus elf Brettern und neun Klötzen und werden von Nägeln zusammengehalten. Die Spalten zwischen den Brettern an der Oberseite einer Europalette sind circa 40 mm breit. An den Klötzen an der Seite ist entweder EUR oder EPAL (European Pallet Association) aufgedruckt. Diese Paletten wollte ich nicht verwenden, da diese viel zu schwer sind und mein Auto nur unnötig schwerer dadurch sein würde. Stattdessen habe ich mich für die Einweg-Paletten entschieden. Diese sind etwas kleiner und die Latten sind viel dünner und damit auch viel leichter. Da diese nur für den einmaligen Transport bestimmt sind, ist es ja auch noch ein ökologisches Interesse, diese Paletten für meinen Ausbau zu verwenden. Ich habe so viele Paletten aus dem Keller geholt, bis mein Auto voll mit Einwegpaletten war und fuhr nach Hause.

Da passt ganz schön was rein ins Auto. Nun suchte ich mir die schönsten Latten aus und sägte diese mühselig mit meiner Metall-Bügelsäge ab, indem ich mit dem Sägeblatt zwischen der Latte und dem Klotz sägte, um die Nägel zu durchsägen. Nach einigen Stunden, hatte ich alle Paletten durch die ich mitgenommen hatte und kam dadurch natürlich auch mit der Nachbarschaft ins Gespräch. Ich fing wieder hinter dem Fahrersitz an und legte die erste Latte unten an die Wand. Maß die Abstände und schaute, wo ich am besten die Löcher bohren konnte, um die Latten an der Wand zu fixieren. Voll toll, mit meiner Akkubohrmaschine, meiner Akkustichsäge, Stift, Gliedermaßstab, Bohrer, Feile und Silikon machte ich mich ans Werk. Ich stapelte zu erst einmal eine Wand mit den Holzlatten übereinander um zu ökologisches Interesse, diese Paletten für meinen Ausbau zu verwenden. Das gefiel mir recht gut und so entschied ich mich dann schließlich auch dazu, alle Wände mit den Holzlatten zu verkleiden. Glücklicherweise bietet das Auto gute Möglichkeiten die Holzlatten zu montieren, da es großzügige Holme hat, in denen man bohren kann, um die Schrauben dort zu versenken. So konnte ich Stück für Stück von unten nach oben arbeiten und jede Holzlatte mit zwei Schrauben fixieren und zusätzlich die Zwischenräume mit Silikon versiegeln, um somit eine optisch ebene Fläche zu bekommen und zusätzlich mehr Dämmung zu erzielen.

Ich benötigte circa 70 Holzlatten, um den Innenraum zu verkleiden. Ich sägte, bohrte und klebte wie ein Weltmeister. Anschließend wollte ich natürlich noch die Holzlatten schleifen, damit diese schon plan sind und zum Schluss mit einer schönen Holzlasur bemalen, damit es auch möglichst lange schön bleibt. Etwas Schleifpapier hatte ich noch im Keller liegen und fing gleich mal an, die Holzlatten zu schleifen. Schnell stellte ich fest, dass ich dafür Jahrzehnte benötigen würde und nach relativ kurzer Zeit große Schmerzen in den Finger bekommen würde. Also kaufte ich mir im Baumarkt für meine Akkuflex Fächerschleifscheiben, um schneller damit voranzukommen. Ich ahnte noch nicht, was das für eine Sauerei werden wird. Ich habe mir schon gedacht, dass es dreckig werden wird, deshalb habe ich mir Klamotten angezogen, welche ich eher aussortiert hätte. Nach vier Stunden schleifen musste ich dann leider meine Arbeit beenden, da es schon wieder 22:00 Uhr war und man bekanntlich Ärger bekommt, da hier strenge Regeln herrschen in good old Germany.

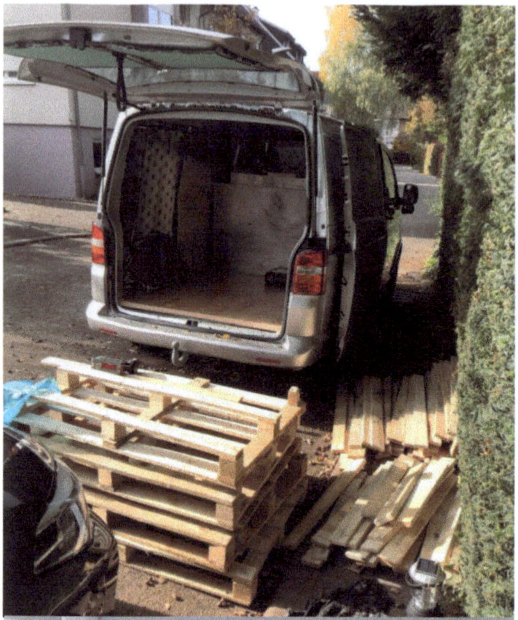

CUTTING LINES

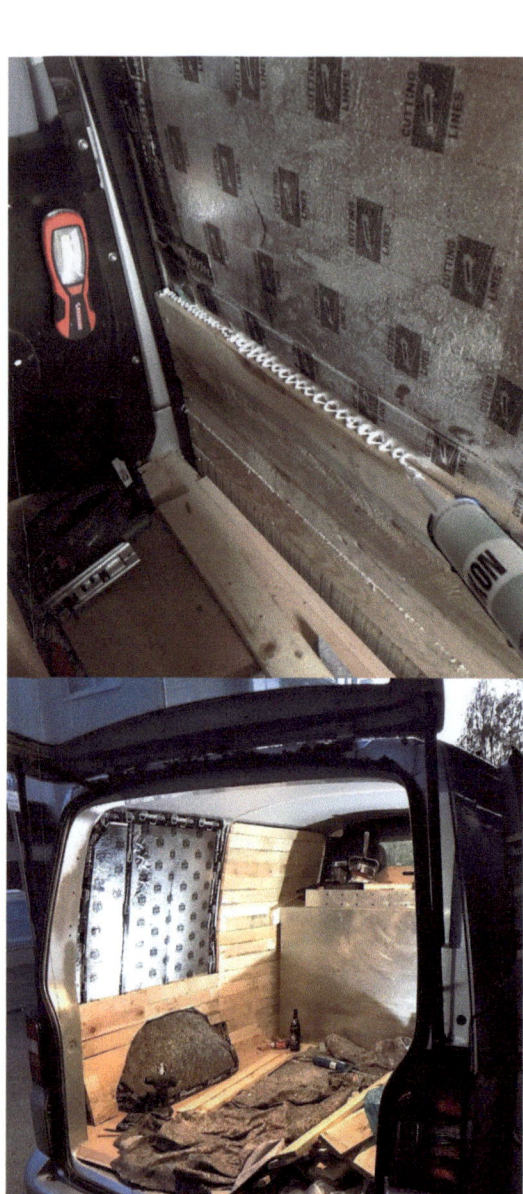

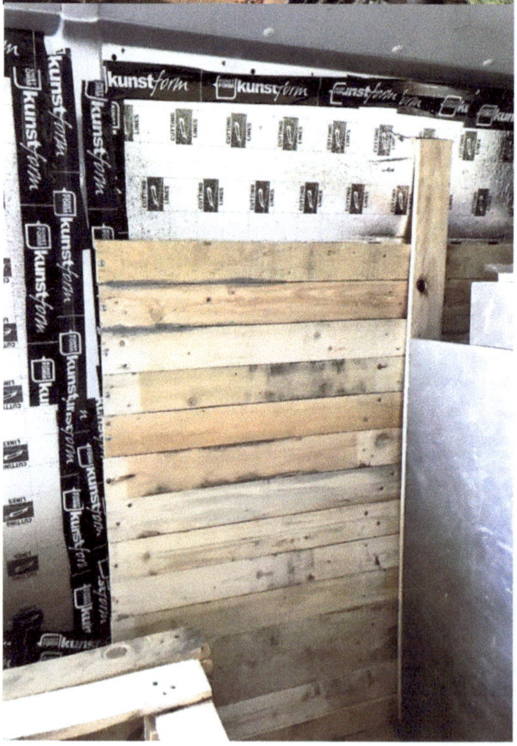
kunstform
CUTTING LINES

Ghetto-Lackierung, neue Alu- Felgen (18.10.2020)

Ich schaute natürlich weiterhin ständig nach VW-Bussen. Besonders gefielen mir die Multivan Modelle, weil deren Stoßstangen auch in Wagenfarbe lackiert sind. Da kam mir die Idee, selbst meine Stoßstangen zu lackieren. Natürlich ohne großen Aufwand, fuhr ich wieder zum Baumarkt in Stuttgart-Möhringen, um zu sehen, ob es eine Dose Sprühfarbe in meiner Wagenfarbe gibt. Glücklicherweise gab es in Silber mehrere Hersteller von Sprühdosen. Ich wählte eine Farbe aus und kaufte zunächst zwei Dosen, um zu testen, wie weit ich damit komme. Wie sollte es nun weitergehen, fragte ich mich. Wo sollte ich das am besten machen und vor allem, wie am besten? Ich entschied mich dann einfach für eine improvisierte Lackierung in meiner Straße. Natürlich war das ganze zum Scheitern verurteilt, da ich weder genügend Vorarbeit geleistet hatte, noch die optimalen Bedingungen im Oktober im Freien herrschten. Da das Auto bereits viele Lackschäden aufwies und ich ohnehin nicht vorhatte, dies als finale Lösung zu sehen, habe ich mir schnell eine Pappe von der Arbeit, eine alte Malerfolie, Malervlies und Klebeband besorgt.

Ich legte die Folie auf den Boden, das Malervlies auf die Motorhaube und schnitt die Pappe mit einem Cuttermesser so zu, dass ich die Räder, den Grill, die Nebelleuchten und die Scheinwerfer abdecken konnte, sodass sie nicht besprüht wurden. Mit einem Abstand von etwa 30 Zentimetern sprühte ich gleichmäßig die Farbe auf die Stoßstange. Dies wiederholte ich, nachdem die erste Schicht nach 30 Minuten getrocknet war. Leider war das Ergebnis nicht so gut, wie ich gehofft hatte und an dieser Stelle würde ich allen, die Ähnliches vorhaben, davon eher abraten. Erstens nimmt der Kunststoff der Stoßstange die Farbe nicht gut an, zweitens müsste man sie vermutlich gut schleifen, drittens eine Grundierung verwenden, viertens eine trockene und windfreie Halle benötigen und fünftens die genaue Farbe des Autos anhand des Farbcodes beschaffen. Ein Versuch war es wert und die Nachwelt weiß das jetzt auch. Cheers! Ein Trostbier bitte!

Ich durchsuchte erneut die Anzeigen bei eBay Kleinanzeigen auf der Suche nach Alufelgen. Meine Stahlfelgen gefielen mir überhaupt nicht! Sie waren einfach normale, hässliche Stahlfelgen mit den gewöhnlichen und langweiligen Löchern um die Achse herum. Kurz öffnete ich die App auf meinem Handy und schaute, was es an schönen Felgen gab. Es gab natürlich sofort Zehntausende Treffer bei der Suche nach

Alufelgen. Also schränkte ich meine Suche ein und suchte nun nach VW Felgen für den Multivan. Das ergab dann nur noch circa 250 Treffer, also noch eine große Auswahl, aber überschaubar genug, um nicht mein ganzes Leben damit zu verbringen, alle Anzeigen durchzugehen. Ich suchte den ganzen Abend lang, fand aber keine, die mir zusagten, da die Preise für die Felgen, die mir gefielen, zwischen 800 EUR und 2.000 EUR lagen. Nun verbrachte ich jede freie Minute damit, schöne Felgen zu suchen. Bei der eBay Kleinanzeigen App ist es recht cool, dass man immer Anzeigen vorgeschlagen bekommt, sobald man sich für einen Artikel interessiert. Je öfter man sich in der App nach Felgen umschaut, desto mehr Vorschläge bekommt man auf der Startseite, bis dann ausschließlich nur noch Alufelgen mir angezeigt werden. Nach Wochen des Stöberns kam dann endlich die Anzeige meiner Träume. Bis zu diesem Zeitpunkt hätte ich nicht gedacht, dass ich noch einmal so viel Glück haben könnte, doch als ich sah, was da inseriert war, konnte ich es kaum glauben. Angeboten wurden: 4x VW T5 Multivan Alufelgen mit 4x Winterreifen von Nokian für unglaubliche 160 EUR. Die Anzeige war gerade erst eingestellt worden.

Ich betrachtete die Bilder und sah gewöhnliche Gebrauchsspuren. Typische Kratzer an der Felge hinten rechts, weil dort oft das Hinterrad oder der Reifen mit dem Bordstein kollidiert, wenn man rückwärts einparkt. Kurz darauf googelte ich die Felgen und fand einige weitere Einträge im Internet. Die Felgen wurden in einem Geschäft ohne Reifen für 680 EUR als Gebrauchtware angeboten. Bei einem anderen Angebot auf eBay Kleinanzeigen wurden die Felgen mit Reifen für 560 EUR und bei einem anderen für 540 EUR angeboten. Die Felgen waren also äußerst rare Ware und sehr beliebt, da es sich um originale VW Teile handelte, die genau zu einem Multivan passten. Ich rief sofort den Mann an, der die vier Räder inseriert hat.

Hallo, hier spricht John,

ich rufen anwegen der VW Räder, die

bei eBay Kleinanzeigen inseriert sind.

                                        Hallo, ja da bist du bei mir richtig.

Ich würde sie mir gerne anschauen.

Kann ich am Wochenende vorbeikommen?

Klar, ich wohne in Mainz.

Wo kommst du denn her?

Ja, habe ich schon gesehen, ich wohne in Stuttgart, aber ist kein Problem. Ich habe einen VW T5, passen die Felgen?

Ich fahre auch einen VW T5, habe mir andere Felgen gekauft und möchte die alten loswerden, da sie bei mir in der Gartenlaube zu viel Platz einnehmen.

Ok, kannst du die für mich reservieren, ich komme dann am Samstag vorbei.

Klar, ich gebe dir meine Adresse, Meine Nummer hast du ja schon.

Super, dann melde ich mich bei dir, sobald ich da bin. Bis Samstag dann!

Ok, alles klar! Ciao, bis Samstag!

Ciao, bis dann und vielen Dank!

Ich konnte es kaum erwarten, bis es endlich so weit war. Voller Vorfreude ging ich am Freitagabend ins Bett, um fit für die 250 Kilometer weite Strecke zu sein. Der Wecker klingelte schon früh um sechs Uhr, da ich lieber mehr Zeit einplante, als ich vermutlich gebraucht hätte. Die Fahrt war mega entspannt und ich kam dank der Handy-Navigation von Google Maps gut an meinem gewünschten Ziel in Mainz an. Nach meiner Ankunft in Mainz suchte ich die Hausnummer. Es war irgendwie schwierig, aber nachdem ich mein Auto auf einem Parkplatz abgestellt hatte, machte ich mich zu Fuß auf die Suche nach der Adresse. Es befand sich in einem Wohngebiet mit Einfamilienhäusern und ich bin mindestens drei Mal daran vorbeigefahren. Zum Glück bin ich kein Postbote. Ich klingelte an der Tür, kurz darauf öffnete ein Mann. Ich stellte mich kurz vor, und wir gingen gleich zum Gartenhäuschen, in dem die Räder standen. Er holte sie heraus, um sie zu zeigen. Er meinte, seine Frau möchte, dass die Dinger endlich wegkommen. Jetzt weiß ich auch, warum er sie so günstig angeboten hat. Die Räder waren wirklich schön und die Reifen waren noch in top Zustand. Er sagte, sie habe sie nur zwei Winter gefahren.

Na super! Alles klar! Schnell lud ich sie in mein Auto ein und war noch kurz in Mainz spazieren. In Mainz gibt es witzige Ampelmännchen in der Innenstadt und der Dom ist wirklich sehr schön. Zurück in Stuttgart fuhr ich sehr entspannt und gelassen mit einem breiten Grinsen im Gesicht. Am darauffolgenden Wochenende wollte ich gleich die neuen Räder montieren. Kann ja nicht so schwer sein, dachte ich mir. Ich stand auf, trank einen Kaffee und ging wieder voller Vorfreude zum Auto. Ich holte den Wagenheber aus dem Auto und bugsierte ihn darunter. Mir war dabei schon etwas mulmig, da die Karre zwei Tonnen wiegt und der Wagenheber ein relativ mickriges kleines Ding ist. Nachdem ich ihn hochgekurbelt hatte, bis zur Markierung am Schweller, löste ich die Radmuttern am Vorderrad, da sich das Rad bewegen kann, wenn das Auto oben ist.

Die Schrauben waren so fest, dass ich schon leicht wütend wurde. Geschafft, alle vier Schrauben waren locker! Ich kurbelte das Auto etwas hoch. Was für ein Gefühl, es knackte und quietschte. Das Rad hing nun in der Luft und jetzt musste ich nur noch das Rad abbekommen. Es war wie festgeschweißt, also musste ich vorsichtig mit einem Hammer das Rad abschlagen. Ich rollte das Rad beiseite und setzte das neue Rad an. Ja, sah gut aus, alle Löcher passten. Ich schraubte die Schrauben ins Gewinde und ließ das Auto wieder herunter. Als letztes zog ich die Schrauben über Kreuz so fest an, wie ich konnte. Nun das ganze Spiel hinten. Ich spannte den Wagenheber nun hinten am Schweller ein und kurbelte so weit hoch, bis zum Widerstand. Ich setzte die 17-Nuss an und versuchte, die erste Schraube zu lösen. Versuchte es mit aller Kraft, aber keine Chance, die Schraube saß ultrahart. Ich probierte eine andere, aber no way. Im Keller suchte ich nach einer Verlängerung. Nach einer Weile fand ich etwas, das ich über das Griffende stülpen konnte. Auf ein Neues! Doch es bewegte sich keinen Millimeter. Mhh, was tun? Ob die Räder jemals abgeschraubt wurden? Ich holte die WD-40 Dose und sprühte etwas von dem Allzweckmittel auf die Schrauben. Dann wartete ich eine halbe Stunde ab. Ich sammelte noch einmal meine Kräfte und probierte es erneut. Eins, zwei, drei und Hauruck! Aber es war ein Fail! Nichts ging. Ich flippte aus, schrie herum und hatte fast Tränen vor Wut. Es reichte mir, ich hatte die Schnauze voll. Ich packte alles wieder ins Auto und ging hoch in die Wohnung. Dort zog ich mir erstmal meine Jogginghosen und meine Laufschuhe an und ging ein paar Stunden joggen. Ein neuer Tag, ein neues Glück. Am nächsten Tag versuchte ich es erneut. Ich setzte die 17-Nuss nochmal an, mit Verlängerung drüber gestülpt und gab alles, was ich konnte.

Ich stellte mich mit meinem ganzen Gewicht drauf, aber nichts bewegte sich. Egal, ich gab mich geschlagen. Ich war traurig, aber ich wusste, dass es immer Wege gibt. Zu Weihnachten fuhr ich nach Hause zu meiner Familie nach Eberswalde, am anderen Ende von Deutschland. Glücklicherweise habe ich einen tollen Bruder, der mir bei der unlösbaren Aufgabe helfen wollte. Bei unseren Großeltern auf dem Hof gibt es auch mehr Möglichkeiten, solche Arbeiten durchzuführen, da der Platz und vor allem auch das nötige Werkzeug vorhanden sind. Ich packte ein paar Klamotten, die Geschenke und die Räder ein und stellte mich mental auf eine lange Autofahrt ein. Winter ist wirklich nicht meine liebste Jahreszeit und im Winter Autofahren ist oft sehr anstrengend. 750 Kilometer können ganz schön lang sein. Nach zehn Stunden war ich am Ziel angekommen und todmüde. Am zweiten Weihnachtsfeiertag waren wir immer bei meinen Großeltern und mein Bruder hatte sich die Zeit genommen, die neuen Räder zu montieren. Kevin ist KFZ-Mechatroniker, also vom Fach. Er hatte die alten Räder im Handumdrehen demontiert. Nach einer halben Stunde waren die neuen Räder schon dran. Wow, richtig toll! Vielen Dank - Lieblingsbruder!

Geburtstagsgeschenk (01.04.2021)

Zu meinem 33. Geburtstag bekam ich ein ganz besonderes Geschenk. Ich hatte mir unseren Firmenschriftzug und Firmenlogo auf meinem Auto gewünscht, da ich mich mit meiner Arbeitsstelle sehr verbunden fühle. Ich arbeite dort seit 2008, durfte meine zweite Ausbildung zum Verkäufer machen und habe anschließend meinen Ausbilderschein bei der IHK bestanden. Das Auto sah immer noch etwas nackt aus und ich wollte, dass es mehr nach einem Handwerkerauto aussieht, da ich gerne im Auto campen wollte, ohne dass es jemand direkt erahnen würde. Inkognito quasi oder wie man heutzutage sagen würde: Stealth Camping. Es bedeutet so viel wie einfach heimlich zu zelten. Ich habe dann mit dem PC über das Programm Gimp (Fotobearbeitungsprogramm) eine Collage angefertigt.

Als erstes habe ich dafür ein Bild vom Seitenprofil des Autos aufgenommen und das Bild bei Gimp hochgeladen, um es bearbeiten zu können. Anschließend habe ich unseren Schriftzug aus einer Datei von uns ausgewählt und diese bei Gimp eingefügt. Nun konnte ich den Schriftzug auf die richtige Größe skalieren, um ihn dann an den gewünschten Ort auf dem Auto zu platzieren. Das Gleiche habe ich dann für die Domain unter den Seitenfenstern und die Sprechblase auf der Heckscheibe gemacht. Ich habe das Bild gespeichert und es Fuhre per E-Mail geschickt, um ihn zu fragen, ob wir so große Aufkleber machen lassen könnten. Er meinte, dass wir das lieber von einer Firma machen lassen sollten, damit es ordentlich aussieht. Also schickte er die Bilder an die Firma SMS Werbetechnik in Leinfelden-Echterdingen, in der Nähe des Flughafens Stuttgart, um ein Angebot einzuholen. Ziemlich schnell kam dann die Rückmeldung, dass sie die Aufkleber gerne für uns machen würden und ich sollte nur noch einen Termin vereinbaren. Schließlich habe ich den ersten April ausgewählt, um mir das als Geschenk machen zu lassen. Am Morgen traf ich mich zuerst bei meinem Kumpel Markus zum Frühstück und fuhr dann anschließend zur Firma SMS.

Wir besprachen kurz, wie das Ganze ablaufen würde und ich bekam einen kleinen Einblick in die Firma. Nach vier Stunden des Wartens war das Bekleben fertig und ich konnte das Auto wieder abholen, um anschließend noch 750 Kilometer nach Hause zu meinen Eltern zu fahren. Das Bekleben hat circa 350 EUR gekostet und gefällt mir wirklich sehr. Nun sieht es aus wie ein Firmenfahrzeug!

Der Ausbau ging auch voran. Um einfach mal drinnen schlafen zu können, dachte ich mir, ich spanne eine Hängematte ins Auto. Leider war das nicht so eine super Idee, weil es mir leider nicht bequem war und es nicht so professionell aufgespannt war. Als erstes Reiseziel fuhr ich mal nach Duisburg zum Zoo Zajac, das war das größte Tierfachgeschäft der Welt. Die über 3.000 Quadratmeter große Ladenfläche umfasst über 1.000 Aquarien, 70 Teichbecken, 500 Terrarien, 40 Volieren, eine Katzenanlage, 150 Kleinsäuger-Gehege und die nach eigenen Angaben modernste Hundeanlage Europas. Es war wirklich der Wahnsinn und aufgrund der riesigen Anzahl an verschiedenen Tieren ist es auch gleichzeitig ein Zoo. Ich verfolgte recht lange Zeit den Youtube Kanal von Zoo Zajac und war daher auch erst auf die Idee gekommen, dort selber mal hinfahren zu wollen. Man kann dort einen ganzen Tag verbringen, es ist so groß wie ein IKEA, nur mit Tieren in Gehegen.

So verbrachte ich meinen Urlaubstag dort, um mir alle Aquarien anzuschauen und mir ein paar Sachen für mein eigenes zu kaufen. Am Abend legte ich mich ins Auto auf meiner Hängematte, um auf dem Parkplatz in Duisburg-Neumühl die erste Nacht zu verbringen. Es war natürlich total aufregend, da ich ja auch wissen wollte, wie es wohl so ist im "Stealth Mode" zu sein. Ich hatte die halbe Nacht kein Auge zubekommen und fuhr dann auch schon früh um fünf Uhr morgens wieder nach Stuttgart zurück. Es ist auf jeden Fall cool, die Möglichkeit zu haben, immer und überall im Auto zu pennen, ohne dass dich jemand dabei beobachten kann, beziehungsweise erahnen wird, dass man dort gerade drin schläft.

Ausbau CNG Gasanlage (29.05.2021)

Mein Auto war mit einer CNG (Compressed Natural Gas) Anlage ausgestattet, welche leider einige Nachteile mit sich brachte und zusätzlich nach nur wenigen Fahrten mit meinem Auto defekt gegangen ist. Was ist das überhaupt, eine CNG-Gasanlage? Im Grunde ist es eine weitere Möglichkeit, Motoren mit Hilfe von Biogasen wie zum Beispiel Methan, welches tief unten in der Erde verborgen ist, anzutreiben. Stell dir vor, du gehst in einen schlammigen Teich oder einen Sumpf. Dort, wo es sehr matschig und feucht ist, passiert etwas Besonderes. Wenn Pflanzen und Tiere dort sterben, beginnen winzige Lebewesen, die wir Mikroorganismen nennen, sie zu zersetzen. Diese winzigen Lebewesen mögen keinen Sauerstoff, also arbeiten sie in Gebieten, wo kein Sauerstoff vorhanden ist. Wenn sie die toten Pflanzen und Tiere zersetzen, entstehen verschiedene Stoffe wie Essigsäure und Wasserstoff. Diese Stoffe sind wie die Zutaten für einen Zaubertrank. Die Mikroorganismen nehmen diese Zutaten und machen etwas Neues daraus, nämlich Methan! Methan ist ein Gas, das du nicht sehen kannst, aber es ist da. Manchmal wird das Methan freigesetzt und steigt in die Luft, wie wenn man einen Luftballon loslässt. Manchmal wird es aber auch in großen unterirdischen Reservoirs gespeichert, wie in riesigen Luftballons unter der Erde.

All diese Dinge passieren über eine lange, lange Zeit, über Millionen von Jahren. Über diesen langen Zeitraum wurde viel Methan erzeugt, das wir an verschiedenen Orten auf der Erde finden können, wie zum Beispiel in großen Gasvorkommen im Südwesten von Sibirien in Russland oder sogar in der Luft, wo es als Treibhausgas wirkt. Bereits im Oktober / November 2020 fuhr ich mit meinem Auto über Erdgas, als plötzlich sich die Anlage abschaltete und piepste.

Mhh, okay, dachte ich, dann gehe ich mal tanken. Das Befüllen der Gasbehälter war etwas anders als konventionelles Tanken. Ich musste dafür erstmal eine Erdgastankstelle finden. In Stuttgart und Umgebung gibt es circa vier bis fünf, bei denen man sein Auto befüllen kann. Ich musste dafür meine Motorhaube öffnen, weil sich der Stutzen zum Befüllen im oberen Bereich des Motorraums befand. Man schließt dann den Schlauch zum Betanken an den Stutzen an und drückt dann einfach einen Knopf auf dem Display der Zapfsäule. Zum Beenden geht es entweder automatisch, wenn die Behälter voll sind oder man drückt einfach einen anderen Knopf auf dem Display zum Beenden. Leider ging einfach nichts mehr rein. Es war nicht möglich, das Auto mit Erdgas zu betanken, aber auch nicht möglich, weiterhin mit Erdgas zu fahren, da die Kontrollleuchte beim Einschalten immer rot blinkte und piepste. Wie funktioniert das eigentlich mit Erdgas im Auto? Das Auto hat zwei Tanks, einen für Benzin und einen für Erdgas. Der Erdgastank ist zusätzlich zum normalen Benzintank eingebaut. Im Auto gibt es einen Schalter, mit dem man wählen kann, welchen Kraftstoff man verwenden möchte, entweder Benzin oder Erdgas. In der Regel kann man das einfach auf dem Armaturenbrett machen, mit Hilfe eines zusätzlich eingebauten Schalters. Der Motor des Autos ist so verändert, dass es sowohl mit Benzin als auch mit Erdgas funktionieren kann. Wenn man das Auto startet, beginnt man normalerweise mit Benzin.

Das liegt daran, dass Benzin besser funktioniert, wenn es kalt ist und es viel besser zu dosieren ist, um das Auto optimal und kontrolliert starten zu können. Aber sobald der Motor warm ist, kann man auf Erdgas umschalten. Wenn man auf Erdgas umschaltet, wird das Gas aus dem Erdgastank über spezielle Rohrleitungen in den Motor geleitet. Dort wird es mit Luft gemischt und verbrannt, um das Auto mit dieser Energie anzutreiben, genau wie Benzin es tut. Wenn kein Erdgas mehr zur Verfügung steht, kann man einfach wieder umschalten. Dann fährt das Auto wieder mit Benzin. Erdgas ist auch sauberer als Benzin, also hilft es auch der Umwelt! Doof nur, dass die Gasbehälter sehr viel Platz benötigen und im Verhältnis zu Benzin man viel, viel, viel weniger Strecke zurücklegen kann. Des Weiteren benötigt es eine gewisse Betriebstemperatur, damit der Prozess überhaupt stattfinden kann.

Es war auch aus meiner Erfahrung einfach sehr ungemütlich, wenn man wusste, dass hinter einem beim Fahren zwei Mal achtzig Liter, auf circa 200 Bar komprimiertes Gas war. Im Handschuhfach fand ich Unterlagen zu der Gasanlage. Ich setzte mich in Kontakt mit der Firma, die die Gasanlage eingebaut hatte, per E-Mail. Ich schilderte ihnen, was vorgefallen war, und bat um Reparatur. Ich erhielt dann einen Termin im Januar. Dafür nahm ich mir extra Urlaub, da die Firma, die ich hier nicht namentlich erwähnen möchte, in der Nähe von Leimen ist, wo ich das Auto gekauft hatte. Ich fuhr früh morgens um sechs Uhr zur Werkstatt. Dort sprach ich mit der Empfangsdame über die Reparatur. Ich lernte kurz den Mechaniker kennen. Er selbst fuhr auch einen T5, was schon mal ganz gut klang.Ich gab das Auto schließlich ab und konnte es nach vier Stunden wieder abholen. Yippie, dachte ich. Kurz alles besprochen was gemacht wurde und vor allem warum es nicht funktionierte. Es lag wohl daran, dann zwei Ventile verstopft waren und deshalb ausgetauscht werden mussten. OK, klingt irgendwie plausibel. 220 EUR später fuhr ich dann wieder nach Hause nach Stuttgart. Nach circa 200 Kilometer angekommen, zwei Meter vor meiner Haustür machte es piep, piep, piep und die Gasanlage ging wieder nicht. Wieder eine E-mail schreiben. Ich schrieb, dass die Anlage wieder defekt ist und bat um eine erneute Reparatur auf Kulanz.

Nach einem kurzen Gespräch mit der Firma wurde mir dann nur angeboten für circa 1.000 EUR die Anlage auszubauen. Monate vergingen und nach schlaflosen Nächten überkam mir der Gedanke, es einfach selber auszubauen. Ich nahm mein Werkzeug zur Hand und fing an die Muttern der Anschlüsse zu lösen. Nachdem ich den Schraubenschlüssel angesetzt hatte und etwas aufgedreht hatte, fing es schon an extrem laut zu pfeifen und das Gas strömte raus. Nach fünf Sekunden, drehte ich die Mutter wieder fest, weil es sehr streng nach Gas roch. Diesen Vorgang wiederholte ich immer wieder, nach dem ich nach jeder Unterbrechung mehrere Minuten lang wartete, dass das Gas entweichen konnte. Ich war so sehr deprimiert über den Zustand und die Umstände, dass ich die Situation nicht richtig eingeschätzt habe, da diese Aktion sehr gefährlich gewesen war. Es dauerte das ganze Wochenende, bis es schließlich nicht mehr zischte und ich die Anschlüsse demontieren konnte. Erleichterung fühlte ich, denn eine große Last fiel nun von mir ab.

Der Rest war ein Kinderspiel. Ich demontierte die Sicherungsriemen des Gastanks und hievte sie aus dem Auto heraus auf einen Gasflaschenwagen, die ich mir von der Arbeit ausgeliehen hatte. Die Gastanks waren immer noch ziemlich schwer, aber ich dachte mir nichts dabei, schließlich bestanden diese aus dickem Metall. Diese zwei Gastanks lagerte ich erstmal im Keller, bis ich mir überlegt hatte, wie ich diese entsorgen konnte. Nun hatte ich endlich Platz, ich war mega happy gewesen nun den gewonnenen Platz sinnvoll nutzen zu können. Als erstes demontierte ich die andere Hälfte der Trennwand, da ich diese auch nur als störend empfunden hatte. Diese brachte ich dann auch runter zum Keller und machte Bilder von der Trennwand, um diese dann bei eBay Kleinanzeigen verkaufen zu können. Nach zwei Tagen hatte die Trennwand schon einen neuen Besitzer.

Erstaunlicherweise haben VW-Busse eine überaus hohe Nachfrage und dementsprechend kann man so gut wie jedes einzelne Teil vom Auto auch verkaufen, weil es so viele Leute gibt die etwas dafür suchen. Im zweiten Schritt habe ich schließlich den Teil des Bodens noch gedämmt und das Stück mit dem Parkett bestückt. Jetzt sah die Karre schon richtig gemütlich aus. Glücklicherweise hatte ich auch noch Reste vom Parkett übrig. Ich habe nun wieder Maß abgenommen und jede Bohle maßgeschneidert eingepasst. Der T5 hatte vier Verzurrösen, welche die Ladung sicherten. Das waren im Grunde genommen einfach Metallringe, die mit einer dicken Schraube an der Bodenplatte verschraubt waren. Um diese auch weiterhin nutzen zu können, hatte ich mir die Stellen angemalt und bevor ich die Bohlen dort verlegt hatte, schnitt ich sie mit meiner Akkustichsäge zurecht.

Jetzt musste ich nur noch die Kanten mit Silikon verdichten, da es zum einen viel schöner aussah und zum anderen auch verhinderte, dass Feuchtigkeit ins Holz zog. Zum Abschluss wollte ich natürlich noch das Ganze im Innenraum verschönern. Ich fuhr wieder zum Baumarkt und besorgte mir Holzlasur. Es hatte auch den Hintergrund, dass ich das Holz behandeln wollte, da es mit einer Lasur doch viel langlebiger ist. Nachdem ich dann meinen Einkauf beendet hatte und wieder nach Hause gefahren war, fing ich an, die Farbe in einer Schale auszufüllen, da es natürlich sich viel besser malte, wenn man den Pinsel in einen kleinen, flachen Gefäß eintauchte, anstatt in den riesigen Eimer.

Leider stellte ich fest, dass ich mich für den falschen Farbton entschieden hatte. Ich wollte eigentlich hellbraun haben, hatte aber fälschlicherweise Kastanienbraun gekauft. Der Aufwand, es wieder zurückzubringen, war mir viel zu groß und nach längerer Betrachtung gefiel mir das dunklere Braun auch sehr. Also malte ich alle Holzlatten an. Nach circa drei Stunden hatte ich meine Arbeit beendet und war sehr froh darüber, dass ich fälschlicherweise dunkelbraun gekauft hatte.

Hello
Hello
Goodbye
Hello

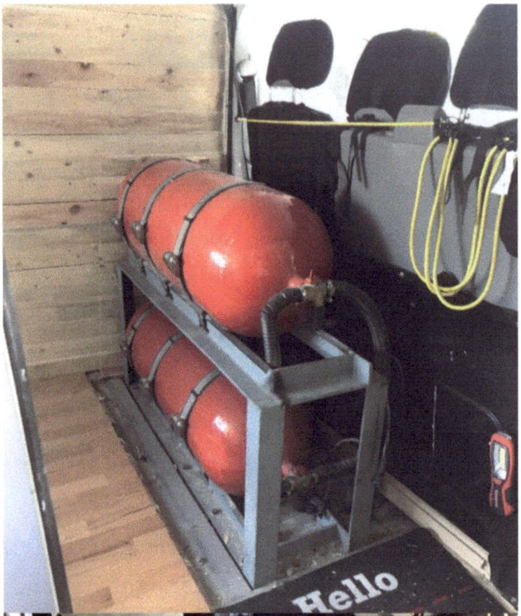

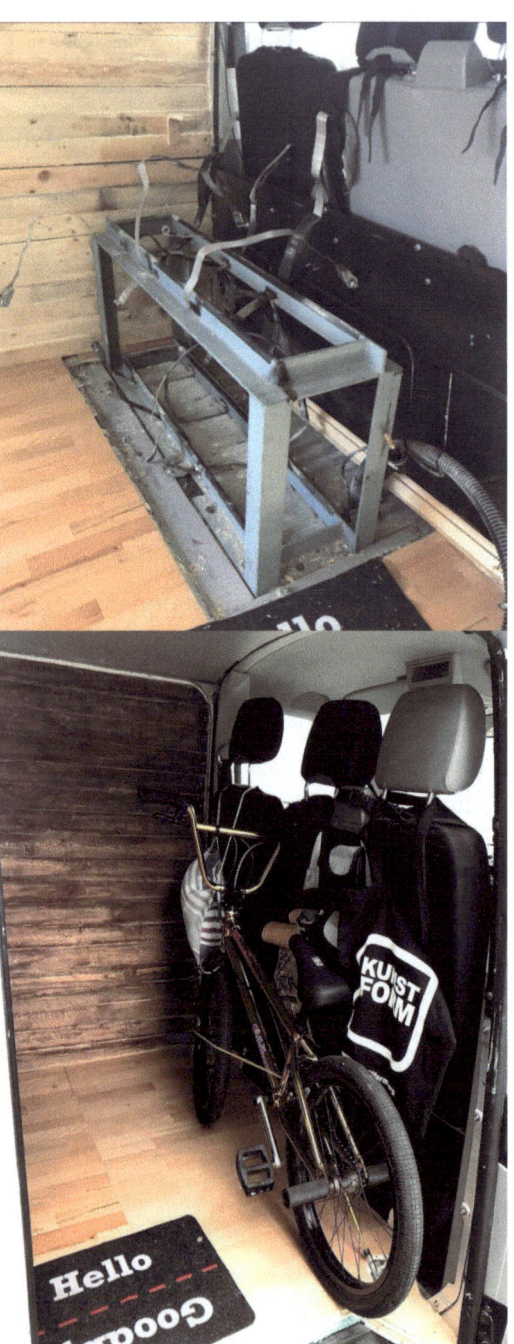

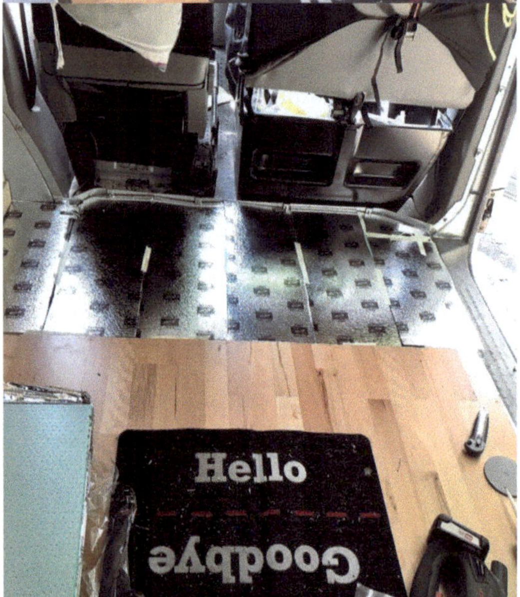

Einbau Bett V1 (18.07.2021)

Ich fing an mein Bett zu bauen. Ich überlegte recht lange, wie ich am besten die Radkästen geschickt verstecken und zusätzlich eine Art Bettgestell konstruieren konnte. Schnell war klar, dass ich irgendwie eine Art Rahmen oder Kiste benötige, da ich ja auch zusätzlich Stauraum benötigen würde. Der Weg führte mich wieder mal zum Baumarkt. Hatte schon eine Vision im Kopf. Meine Überlegung war, dass ich einfach recht leichte Holzplatten aus Pappelholz mich kaufte und mir die Platten einfach grob zurechtschnitt, sodass die Radkästen im Innenraum verdeckt wurden und ich den nun entstandenen Freiräumen Platz für Dinge sind, welche ich immer im Auto haben möchte, aber nicht so oft benötige. Ich überlegte mir, während ich durch die Gänge lief und den Einkaufswagen vor mir hinschob, dass ich ja einfach auch ein Klavierband verwenden könnte und somit eine Klappe hatte, auf der ich dann auch sitzen konnte. In meinen Einkaufswagen legte ich noch Holzschrauben und Metallschrauben rein, Klebefolie und Winkel. Ich nahm wieder Maß, setzte den Gliedermaßstab an und zeichnete auf die Holzplatte eine Markierung auf, wie lang die Kisten werden sollten. Für die Höhe der Kisten hatte ich so grob 40 Zentimeter vorgesehen, sodass die Klappe grad so über den Radkasten auflag, dass ich noch gemütlich sitzen konnte und dass das Bett nicht so hoch ist, damit ich noch Platz nach oben habe. Ich schnitt mir die Holzplatten zurecht und legte mir erstmal die Teile zurecht. Hatte noch ein paar Einwegpaletten im Auto, aus denen ich mir Stützleisten zurecht sägte.

Nun konnte ich an den Punkten an denen ich die Kisten verschrauben wollte, erstmal kleine Löcher vorbohren. Ich hatte nämlich schon ein paar Holzlatten in Zwei gespalten, beim Versuch sie zu verschrauben. Mit meinem Campingtisch, welchen ich mir erst kürzlich bei einem Besuch bei Fritz Berger (Camping Fachgeschäft) zugelegt hatte, konnte ich gut als Werkbank benutzen. Nachdem ich die beiden Kisten fertig verschraubt hatte, konnte ich aus der gekauften Holzplatte mir die zwei Klappen bauen. Ich hatte mir überlegt, diese etwas größer zu lassen, da ich dann einfacher mit der Hand nach oben klappen konnte. Nun wurden noch kleine Löcher für das Klavierband vorgebohrt und die Klappen daran verschraubt. Das sah schon ganz gut aus und funktionierte recht gut. Als nächstes kam die Klebefolie zum Einsatz. Grob schnitt ich mir die Klebefolie zurecht, wischte die Oberflächen der Holzkisten noch ab, damit die Klebefolie dort gut hielt. Damit sich die Klebefolie besonders gut an der Oberfläche anschmiegte, behandelte ich penibel jeden Quadratzentimeter mit einem Feuerzeug, da sich die Klebefolie durch die Wärme sehr gut an die Konturen anpasste und der Kleber noch besser haftete. Nun hatte ich das Gestell gebaut, auf dem die grobe Last des Bettes aufliegen sollte. Nun ging es an das eigentliche Bett. Ich hatte mir kurzfristig überlegt, wieder Pappelholz aus dem Baumarkt als Auflagefläche zu kaufen, nur etwas dicker als das von den Kisten, da es doch wesentlich stabiler sein musste, wenn man darauf lag. Wieder ging es zu meinem Lieblingsbaumarkt, dem Bauhaus. Dort kaufte ich mir gleich mehrere Holzplatten, da ich auch vorhatte, später einmal einen Schrank zu bauen. Natürlich packte ich auch jede Menge Klebefolie in den Einkaufswagen. Mir war natürlich klar, dass ich noch Stützen benötigte, da sich die Holzplatten durchbiegen würden, wenn man darauf läge oder säße. Im Regal entdeckte ich Tischbeine aus Metall, die dafür ideal schienen. Ich legte erst einmal zwei Tischbeine in den Einkaufswagen und steuerte zur Abteilung mit den Schrauben und Scharnieren. Für die Konstruktion benötigte ich noch etwas, an dem ich die Tischbeine fixieren konnte. Nach langer intensiver Suche fand ich Metallplatten mit Bohrungen, die so gebogen waren, dass ich das Tischbein dort hineinschieben konnte, ohne die Tischbeine an der Platte zu verschrauben zu müssen.

Der Clou bei der ganzen Sache war nämlich, dass ich die ganzen Möbel als solches ganz schnell und einfach wieder demontieren konnte, um so im Handumdrehen mein Auto als Transporter nutzen zu können. Ich legte die beiden Holzplatten quer auf die Kisten über den Radkästen drauf. Leider waren die Holzplatten etwas zu kurz und demzufolge konnte man sie hin und her verschieben, was nicht so gut war, weil man sich schließlich beim Schlafen bewegen würde. Des Weiteren wären die Platten viel zu groß gewesen, wenn ich sie einfach zusammengeschraubt hätte, da ich die einzelnen Teile für das Bett so konstruieren wollte, dass sie nicht viel Platz einnehmen, wenn ich den Platz anstelle des Bettes für eine Sitzgruppe mit Tisch nutzen wollte. So kam ich auf die Idee, die zwei Holzplatten auch mit einem Klavierband zu bestücken, um somit die beiden Holzplatten zusammenklappen zu können. Die Tischbeine montierte ich dann mit Hilfe der Metallplatten so an, dass ich die Metallplatten genau mittig jeweils der beiden Holzplatten an der Unterseite montierte. Nun konnte ich die beiden Tischbeine einfach in die nun angefertigten Schienen einschieben. Ich war schon stolz auf die Konstruktion, da ich innerhalb weniger Minuten das komplette Bett im

Laderaum so verstauen konnte, dass ich noch ganz bequem einen Tisch aufstellen konnte, um daran dann zu essen, zu spielen, zu arbeiten oder was auch immer. Die beiden Holzplatten beklebte ich nun wieder mit der Klebefolie, da mir das so gut gefiel und ich nun schon viel Erfahrung mit dem Bekleben gesammelt hatte. Einige Wochen zuvor hatte ich mir spezielle Tellerfedern gekauft. Das hatte ich bereits in einigen YouTube Videos gesehen und vor allem kannte ich sie bereits aus den originalen VW T5/T6 California. Das ist eine sehr coole Sache, da diese Tellerfedern wie ein Lattenrost sind, den man zusammenrollen kann und somit recht einfach verstauen kann, da er auch recht leicht ist, weil die Konstruktion aus einem Kunststoff besteht, der sehr flexibel ist. Man kann die einzelnen Tellerfedern wie ein Puzzle zusammensetzen und somit individuell die benötigte Liegefläche anpassen. Als Matratze hatte ich mir zwei selbstaufblasende Liegematten gekauft, da ich diese auch zusammenrollen konnte und somit wieder wenig Platz zum Verstauen benötigte. Et voilà…

Meine erste Nacht verbrachte ich gleich am selben Tag direkt vor meiner Tür in Stuttgart-Kaltental.

Umbau Kühlergrill, Decke LED (01.09.2021)

Woran man einen handelsüblichen Transporter unter anderen von einem Multivan oder einem California unterscheiden kann ist, dass der Grill verchromt ist. Also habe ich mich dazu entschieden, meinen Grill zu pimpen. Wieder zum Baumarkt gefahren um Klebefolie zu besorgen um dann ganz gemütlich am Abend vor dem TV meinen Grill zu bekleben. Das Ausbauen des Grills war kinderleicht, ich musste nur zwei Schrauben lösen und den Grill einfach nach oben hin herausziehen. Es handelt sich hierbei nur um einen sehr günstiges Stück Plastik, klar das Bauteil hat auch nur die Aufgabe die Fahrtluft in dem Motorraum zu leiten und der Kunststoff rostet nicht, ist wesentlich leichter als Metall und deutlich günstiger. Zuerst wischte ich den Grill gut ab, sodass die Klebefolie an den Rippen gut kleben konnte. Als nächstes schnitt mir für die einzelnen Rippen des Grills Streifen aus der Klebefolie aus und klebte diese sorgfältig auf. Anschließend ging ich wieder die Flächen mit dem Feuerzeug entlang, damit die Klebefolie sich den Konturen anpasste. Nach sieben Stunden hatte ich mein Kunstwerk fertig und mein Grill als solches veredelt. Ich montierte das Baby wieder ans Auto und war sehr happy. Nun sah die Karre schon etwas mehr nach "California" aus. Ein neuer Tag, ein neues Glück! Heute war mein Autohimmel dran. Zuerst nahm ich die zwei Lampen aus der Deckenplatte heraus. Dazu benötigte ich nur einen Schraubendreher. Vorsichtig entfernte ich die Kunststoffpins an der Decke, um den Himmel zu entfernen.

Das war gar nicht so einfach, da die Pins recht schnell verformten oder gar kaputt gingen. Dafür gab es spezielle Kunststoffheber, das allerdings habe ich dann später erfahren. Nachdem die ersten Pins entfernt waren, hing die erste Deckenplatte schon zur Hälfte herunter. Nun musste ich mit einer Hand die Platte halten und mit der anderen die Pins entfernen. Das Ganze dann noch ein zweites Mal und draußen war der Himmel. Die zwei Platten bestanden aus einem dünnen Holz-Pappe-Material, das sehr schnell knickte und durch das Eigengewicht allein schon kaputt ging, wenn ich es nur falsch angehoben hatte. Ich brachte die Platte erst einmal hoch zur Wohnung und befasste mich weiter mit der Isolierung der Autodecke. Mit doppelseitigem Klebeband fixierte ich die Isolierplatten an der Decke, indem ich kleine Streifen in gleichen Abständen anklebte. Anschließend schnitt ich die Isolierplatten zurecht, um sie dann an den großen Flächen zu fixieren. Zwischen dem Blech der Decke und den zwei Papp-

Platten des Himmels war gut fünf Zentimeter Platz, den ich dann gut mit den Isolierplatten ausfüllte. Für den Himmel hatte ich mir überlegt, dass ich die Papp-Platten mit Holzfolie beklebte und die hässliche Innenbeleuchtung nur durch schicke LED-Lampen ersetzte. Aus meinem Lieblingsbaumarkt besorgte ich mir die Folien und die Lampen. Ich hatte mich dafür extra noch einmal beraten lassen, da diese LED-Lampen eine 12-Volt Betriebsspannung benötigen. Ich verbrachte dann den Sonntag damit die Platten zu bekleben. Zuerst habe ich die ganze Fläche gründlich gesäubert und anschließend trocken gewischt, damit die Folie auch gut an den Platten haftet. An einer Kante einer Seite habe ich angefangen und überlegt, dass es wohl am schönsten aussehen würde, wenn die Maserung längs über die Platten verlaufen würde. Mit einem Tuch und meinen Fingern bin ich dann Stück für Stück über die Platte gegangen, um sie vorsichtig zu glätten, sodass keine Falten oder Blasen entstehen.

Dafür habe ich einige Stunden gebraucht, aber es war sehr entspannend. Anschließend habe ich überlegt, wie ich wohl am besten die LED-Lampen in den Platten anbringe. Zuerst habe ich die beiden Platten vermessen, um zu ermitteln, wie ich die Lampen möglichst im gleichen Abstand zu den Rändern aufteilen müsste, damit es einheitlich aussieht. Als Nächstes habe ich die Lampen ausgemessen, um zu ermitteln, wie groß die Löcher sein müssen, damit die Lampen am Ende gut in den Platten stecken. Die Arbeit hat mir richtig Spaß gemacht, da ich meine Kreativität freien Lauf lassen konnte und alles gut geklappt hat. Ich hatte noch ein paar Meter Zwei-Phasen Kabel im Keller und hatte mir beim letzten Besuch im Baumarkt einen kleinen Lichtschalter besorgt. Ich verkabelte alle Lampen zusammen mit Lüsterklemmen und isolierte diese zusätzlich mit Isolierband, damit keine Feuchtigkeit eindringen konnte. Anschließend verband den Lichtschalter mit dem Kabel, das bereits mit den anderen Lampen verbunden war, die vorher verbaut waren. „Und Gott sprach: Es werde Licht! Und es ward Licht." Bis dann die Sicherung kam.

Feuerwehreinsatz (12.10.2021)

Nachdem ich seit fünf Monaten zwei Gasbehälter im Keller gelagert hatte und mir nahezu jeden Tag darüber Gedanken gemacht hatte, wie ich diese loswerden könnte, nahm ich mir in meinem Urlaub vor, dies in Angriff zu nehmen. Ich suchte zunächst im Internet, wie man solch ein Problem lösen könnte. Nach einem halben Tag Recherche hatte ich herausgefunden, dass es am Hafen von Stuttgart eine Firma gibt, die solche Behälter annimmt. Ich wuchtete die schweren Behälter mit Hilfe eines Flaschenwagens, den wir auf der Arbeit hatten, aus dem Keller nach oben. Die Behälter wogen einzeln vermutlich knapp hundert Kilogramm. Es war ein riesiger Akt, diese in das Auto zurückzubekommen, aber die Tatsache, dass sie seit Monaten im Keller lagen, machte mir sehr zu schaffen. Ich verzurrte die Behälter gut im Laderaum und fuhr zum Hafen. Dort angekommen, stellte ich mein Auto an der Lieferzone ab und ging zum Empfang, um mein Anliegen zu schildern. Ich begann der Dame am Empfang mein Problem zu schildern. Leider durfte ich bei dieser Firma als Privatkunde nichts abgeben. Ich versuchte in einem zweiten Anlauf der Frau von meiner Misere zu berichten und dass sie mir in diesem Fall wirklich eine Ausnahme machen müsse.

Leider nützte dies alles nichts und ich wurde dann aufgefordert zu gehen. Ich googelte auf meinem Handy weiter, welche Firmen hier am Hafen in Stuttgart-Wangen gibt, bei denen ich eine Chance hätte, meine Behälter loszuwerden. Schließlich fuhr ich zu einer weiteren Firma am Hafen und schilderte auch bei dieser Firma meine Misere. Diese hatten leider auch keine Idee, wie ich mich von den Behältern trennen konnte. Klar kam auch die Idee, die Behälter einfach irgendwo an einer Baustelle abzulegen, nur hätte ich damit nur ein sehr schlechtes Gewissen für alle Zeit gehabt und dies wäre wohl auch das Letzte gewesen, was mir eingefallen wäre, da sehr bestimmt eine heftige Geldstrafe oder Schlimmeres gefolgt wäre. Ich suchte weiter im Internet und stieß dann auf eine weitere Firma in Stuttgart-Zuffenhausen. Nach einer geschlagenen Stunde im Stuttgarter Berufsverkehr kam ich dort an. Ich parkte dort an der Haltelinie und schilderte auch diesem netten Herrn meine Misere. Er sagte mir, dass sie durchaus die Behälter annehmen würden, diese allerdings leer sein müssten und das Ventil entfernt sein müsste.

OK, ich dachte, dass diese Behälter ja eigentlich leer sein müssten und lediglich etwas Restgas sich im Inneren befinden müsste. Also das Gas rauslassen, aber wie? Ich fuhr zur Arbeit und wandte mich an meinen Kumpel Fuhre und bat ihn um Hilfe. Wenn man das Anliegen als Firma schildert, könnte man bei der ein oder anderen Firma vielleicht doch die Behälter abgeben. Er begann zu recherchieren und rief bei einigen Firmen an und schrieb E-Mails. Ich fuhr wieder nach Hause und brachte die Behälter wieder zurück zum Keller. Ich dachte pausenlos darüber nach und es belastete mich so sehr, dass ich den Verstand verlor, sodass ich auf die wohl dümmste Idee meines Lebens kam, die ich fast mit meinem Leben bezahlt hätte und zusätzlich meine Nachbarn in große Gefahr brachte. Ich war so frustriert darüber, dass es so ein Problem war, diese Gasbehälter loszuwerden, dass ich mich dazu entschloss, irgendwie eigenständig das Gas aus den Behältern zu bekommen.

Darüber zu schreiben, fällt mir schwer, weil es für den Leser wohl so zu lesen ist, dass ich total geisteskrank gewesen sein wusste, aber ich war einfach zutiefst frustriert und mir war nicht bewusst gewesen, wie leichtsinnig es war und dass ich eine vorsätzliche Straftat begehen würde. Ich ging davon aus, dass sich lediglich nur noch ein wenig Restgas in den Behältern befand. Ich versuchte die Ventile aufzuschrauben, diese öffneten sich allerdings nicht, da es Elektromagnetventile waren. Mhh, was ist zu tun, wenn man keine Ahnung hat, aber voller Verzweiflung einfach nicht mehr klar denken kann? -Man kommt auf die total bescheuerte Idee, die Gasbehälter, welche auch massiven zehn Millimeter dicken Stahl bestehen, in denen sich brennbares Methan befindet, welches mit 200 BAR Druck dort eingepresst wurde, mithilfe einer Bohrmaschine ein Loch reinzubohren im Keller eines Mehrfamilienhauses. Ich spannte einen dünnen zwei Millimeter großen Bohrer in das Bohrfutter ein, steckte den Stecker der Bohrmaschine in die Steckdose. Als nächstes körnte ich die Stelle der Bohrung. Ich begann, ganz vorsichtig und mit sehr niedriger Drehzahl zu bohren. Mit leichtem Druck lehnte ich mich auf die Bohrmaschine. Es verging mindestens eine Stunde. Ich achtete darauf, dass keine Funken entstanden. Zack, ich war durch!

Ich zog den Bohrer mit der Bohrmaschine nach oben aus dem Loch heraus. Pzzzzzzzzz, pzzzzz, und immer lauter, pzzzzzzz machte es vom Geräusch her. In wenigen Sekunden roch es sehr extrem nach Gas. Ich öffnete alle Türen, die Kellertür, die Eingangstür und die Fenster, die sich alle im Keller befanden. Das war die absolute

Hölle, wir wurden nun erst bewusst, was ich da eigentlich gemacht hatte. Ich rannte hoch in den ersten Stock und klingelte bei meinen Nachbarn. Die Tür ging auf und ich konnte mich nicht mehr richtig artikulieren. Ich sagte nur: „Es tut mir leid! Es strömt Gas raus, alle runter, raus aus dem Haus!". Ich rannte zum zweiten Stock und klingelte bei den anderen Nachbarn, um ihnen das Gleiche mitzuteilen. Wir standen alle unten vor dem Haus und ich schilderte kurz, was ich total Bescheuertes getan hatte. Sofort rief ich die Feuerwehr an und schilderte kurz und sachlich, was gerade passiert war und gab meine Adresse durch. Es vergingen nicht einmal fünfzehn Minuten, dann kam auch schon die Feuerwehr. Die Feuerwehr rückte mit vier riesigen Einsatzwagen an, sodass die gesamte Straße gesperrt wurde. Es waren auf einmal so viele Menschen versammelt, es war wie in einem Film, bei dem man auf keinen Fall dabei sein wollte.

Ein weiteres Auto kam, ein Polizeiauto, noch ein Feuerwehrauto, vier Polizisten, 14 Feuerwehrmänner und natürlich die Nachbarn der ganzen Straße hatten sich vor dem Haus versammelt. Vier Feuerwehrmänner stürmten den Keller, nahmen den Gasbehälter und transportierten diesen noch oben und legten den Gasbehälter etwas entfernt vor dem Haus ab. Man sah nun, dass es wirklich sehr ernst war, da der Strahl, der aus dem Gasbehälter kam, durch den enormen Druck mindestens zwei Meter weit war und in Form eines sehr dichten weißen Rauchschwadens zu sehen war. Alle Beteiligten waren fassungslos und natürlich kamen auch die ersten dummen Kommentare. Meine Nachbarn waren natürlich total entsetzt von meiner Tat, aber wir umarmten uns schließlich am Ende und dankten dem Himmel, dass nichts weiter passiert war. Die meisten der Feuerwehrmänner zogen schließlich wieder ab und es blieben nur noch eine Handvoll da, um den Gasbehälter weiter zu beobachten. Es dauerte noch Minuten, der Feuerwehrhauptmann befragte mich natürlich noch routinemäßig danach, was genau passiert war und dass ich so etwas auf gar keinen Fall noch einmal tun dürfe.

Die anderen Feuerwehrmänner berieten sich noch einmal kurz und beschlossen, das Ventil aufzuschlagen, da durch das winzige Loch das Gas die ganze Nacht noch ausströmen würde. Es lief ein Feuerwehrmann zum Kranwagen rüber und holte einen riesigen Franzosen, so einen Schraubenschlüssel den man mit einem Rädchen verstellen kann, und einen Vorschlaghammer. Ein Feuerwehrmann setzte den Schlüssel an, ein anderer haute mit voller Wucht auf den Schlüssel drauf.

Kabooooooooom, ein heftig lauter Knall. Und das Gas strömte mit einer riesigen weißen Rauchwolke aus dem Behälter heraus. Es dauerte wenige Sekunden und das Gas war vollständig draußen und die meisten Feuerwehrmänner rückten ab. Zwei gingen noch mit einem Gasmessgerät in alle Wohnungen und maßen die Werte. Nachdem alle Wohnungen überprüft worden waren, durften alle wieder nach oben zu ihren Wohnungen gehen. Ich blieb noch unten vor der Tür stehen und musste nun noch den Polizisten davon berichten, was ich getan hatte. Natürlich kam zur Verabschiedung noch das obligatorische etwas spöttische: „Das nächste Mal bitte nicht mehr in einem Gasbehälter bohren" - Nee, ist klar!

Mhh, ich hatte den Feuerwehrhauptmann noch am Abend gefragt, ob die Feuerwehr nicht gleich noch den zweiten Gasbehälter aufschrauben könnten? „Nein, das dürfen wir nicht tun", sagte der Feuerwehrhauptmann, da die Feuerwehr dazu da ist, um Menschen aus Gefahren zu befreien und nicht, um Menschen in weitere Gefahren zu bringen. Ich ging nach oben in die Wohnung. Glücklicherweise hatte ich am nächsten Tag noch Urlaub, ansonsten hätte ich mir den Tag freinehmen müssen, da ich voll neben mir stand. Ich setzte mich auf meinen Hocker vor dem Aquarium und brach in Tränen aus. Ich hatte wohl seit 30 Jahren nicht mehr so krass voller unkontrollierter Emotionen geweint. Schließlich hätte dieser Abend mein letzter sein können und der meiner Nachbarn. Am nächsten Tag ging ich spazieren, den kompletten Tag lang. Im Supermarkt kaufte ich kleine Präsentkörbe, Schokolade, Wein und Grußkarten mit einem vierblättrigen Kleeblatt als Motiv. Ich schrieb auf den Karten groß: VERGEBUNG drauf. Ich stellte diese an die Türen meiner Nachbarn und hoffte darauf, dass sie mir vergeben und mich nicht für einen komplett Gestörten hielten. Das Nachbarschaftsverhältnis blieb bis zu meinem Auszug, ein Jahr und vier Monate später, recht gut. Wenn ihr das lest, liebe ehemalige Nachbarn, Danke, dass ihr mir vergeben habt!

Scheinwerfer Versicherung (13.11.2021)

Feierabend! Nach einem langen Arbeitstag ging ich zu Fuß nach Hause, wie gewöhnlich. Unser Laden, der kunstform BMX Shop liegt im Bezirk Stuttgart-West, recht nah am Feuersee. Der liegt etwa sechs Kilometer entfernt, ich lief diese Strecke, seit ich dort wohnte, fast jeden Tag in einer knappen Stunde. Als ich an diesem Tag jedoch nach Hause ging, fiel mir ein weißer Zettel auf, der unter meinem Scheibenwischer klemmte, als ich an meinem Auto vorbeikam. Ich faltete den Zettel auf und las, was darauf stand: „Ihr Auto wurde beschädigt!" Auf dem Zettel waren außerdem das Logo der Polizei Baden-Württemberg, der Name des Polizisten, die Adresse des Präsidiums, eine Mailadresse und eine Telefonnummer vermerkt. „Mh, okay" dachte ich mir. Ich ging um mein Auto herum und begutachtete es. Doch nach Minuten intensiven Suchens konnte ich nichts feststellen, zumal es bereits vom Vorbesitzer einige Dellen und Schrammen abbekommen hatte.

Ich rief daraufhin bei der Polizei an.

Hallo, Krämer mein Name!

Ich rufe an, weil ich ein

Zettel an mein Auto fand,

auf dem steht, dass mein

Auto beschädigt ist.

> Hallo Herr Krämer,
>
> wie lautet Ihr Kennzeichen?

S-JK1488, ein silberfarbener

VW T5 Bus.

> Ah, ja! Es ist heute früh passiert, ein

Angestellter des Garten Landschaftsbau

ist wohl beim Rangieren seinen

Pritschenwagen gegen Ihr Auto gefahren.

Ah, OK!

Sie werden in Kürze Post von der

Versicherung bekommen.

Alles klar, danke!

Am nächsten Morgen ging ich wieder am Auto vorbei, um erneut nachzuschauen. Ich kam auch an die Pritsche vorbei und begutachtete die Kanten hinten an der Ladefläche. Mhh, das Auto sah auch schon sehr benutzt aus… Als ich dann schließlich an meinem Auto war, schaute ich noch einmal intensiver hin und vor allem diesmal genauer auf die Front. Direkt fiel mir am Scheinwerfer auf der Beifahrerseite auf, dass er einen tiefen Kratzer hatte, dass die Motorhaube direkt darüber etwas eingedellt war und dass an der Stelle der Lack abgeplatzt war.Nach einigen Tagen erhielt ich schließlich einen Brief von der Versicherung mit der Bitte um einen Termin mit dem Kfz-Sachverständigen, um den Schaden begutachten zu lassen. Ich wandte mich per E-Mail an den Gutachter. Dieser bot mir an, am Samstag bei mir vorbeizukommen, um sich den Schaden anzusehen. Als dann schließlich der gute Mann bei mir klingelte, dauerte es nicht lange, bis er sich das ganze Auto angesehen hatte, sich die Daten vom Auto notierte und mich am Ende fragte, ob ich den Schaden repariert bekommen oder die Summe ausgezahlt haben möchte. Ich überlegte kurz, dann sagte ich ihm, dass mir eine Schramme mehr nichts ausmachen würde. Er nickte und verabschiedete sich nach circa 30 Minuten Begutachtung. Nach nur zwei Tagen bekam ich eine Rückmeldung per E-Mail von ihm. Der Schaden an meiner Karre belief sich auf: 1.942,51 EUR. Der Wiederbeschaffungswert: 13.200 EUR.

Entsorgung CNG Gasanlage (01.12.2021)

Ich stand, nachdem nun gut zwei Monate vergangen waren, wieder an der gleichen Stelle. Wie bekomme ich die Gasbehälter los? Ich überlegte wieder Tage lang, bis ich darauf kam, einen alten Kumpel aus dem Schwarzwald anzurufen. Jarno kannte ich schon seitdem ich BMX fahre, also seit 2002 und wir sehen uns leider nur sehr selten.

Ich erinnerte mich daran, dass er ein Schrauber ist und auf dem "Dorf" ja die Leute vieles regeln können unter sich. Ich rief ihn an und erzählte ihm meine Geschichte. Ich weiss noch, dass er sehr cool und gelassen reagierte und nicht schockiert und fassungslos war, so wie die meisten anderen Leute.

Hallo Jarno, was geht?

Ich bin's Johnny!

Hi Johnny, na alles klar?

Ja, nee, ich habe da so ein Problem.

Ich habe ja ein VW T5 mit Erdgas, weisst du?

Ja, ja, weiss ich.

Ich habe da leider eine total dumme Sache

gemacht. Ich habe die Gasbehälter aus

meinem Auto ausgebaut.

Yo, das habe ich mitbekommen.

Ich war verzweifelt und habe ein Loch

reingebohrt.

Oh, haaaa ! In den Gastank rein?

Ja, man!

Krasser Typ, bist du!

Mhh naja, bin nicht grad stolz darauf.

(Lachend, haha)

Kannst du mir helfen die Gasbehälter

loszuwerden?

Klar, ich check das mal.

Mein Kumpel Jarno hatte einen guten Freund, der eine Autowerkstatt und einen Schrottplatz besaß. Ein weiteres Problem ergab sich, als ich eigenständig meine Gasbehälter ausgebaut hatte. Eigentlich durfte ich das Fahrzeug danach nicht mehr benutzen, da die Gasanlage offiziell ausgetragen werden musste, was nur über eine TÜV-Abnahme möglich war. Dafür musste auch der Rückbau im Motorraum erfolgt sein. Das erste Problem war jedoch deutlich schlimmer und belastete mich stark. Glücklicherweise konnte ich am darauffolgenden Wochenende gleich zu Jarno fahren, um die Sache in Ruhe zu besprechen. Am Samstag fuhr ich dann direkt zur Werkstatt seines Kumpels. Dort angekommen, konnte ich mein Problem sofort mit ihm besprechen. Wir klärten kurz, was zu tun war, dann bot er mir einen sehr guten Preis für den Ausbau und die Entsorgung der Behälter an. Jarno tat mir dann den größten Gefallen, indem er das Gas aus den Behältern abließ. Er kannte sich gut aus und opferte sein ganzes Wochenende, um mir zu helfen. Nach fast einem ganzen Tag, um das Gas abzulassen, konnte er die Ventile demontieren und die Behälter von innen reinigen, um sicherzustellen, dass keine Gasreste zurückblieben.

Danach mussten die Behälter oben abgeschnitten werden, damit sie auf dem Schrottplatz entsorgt werden konnten. Eine Woche später konnte ich mein Auto wieder abholen und erhielt das Abnahmedokument von der DEKRA, um einen neuen Fahrzeugschein zu beantragen. Ich war überglücklich und fuhr strahlend nach Hause und überlegte, was als nächstes zu tun war. Die Beschaffung des neuen

Fahrzeugscheins war dann deutlich einfacher. Ich ging einfach wieder zur Zulassungsstelle in Stuttgart, wo ich den Ablauf bereits kannte. Dort gab ich kurz an, was passiert war, legte Fahrzeugschein Teil I, Fahrzeugschein Teil II, meinen Ausweis und das DEKRA-Dokument vor. Einige Minuten später druckte die Sachbearbeiterin die neuen Dokumente aus und ich zahlte die Gebühren von 13 EUR. Die Sachbearbeiterin scherzte sogar mit mir und meinte: "Du bist ja schnell dran." Man hatte nämlich nur ein Jahr Zeit, um die Dokumente zu ändern, sonst lief die Frist ab und man musste erneut zum TÜV gehen. Vielen Dank an Jarno und Marcus! Ihr habt für immer was gut bei mir!

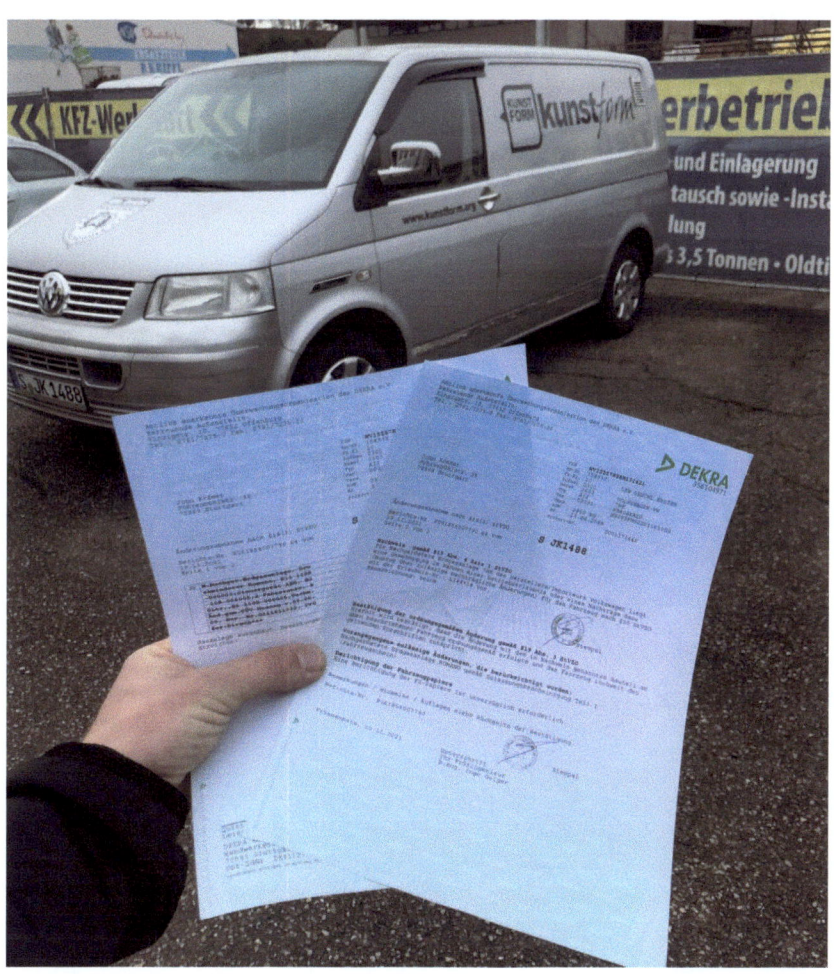

Korrosionsbehandlung am Unterboden (05.12.2021)

Als ich einmal einen Blick unter mein Auto wagte, um einfach mal aus Interesse zu schauen, wie es wohl unten aussehen würde, war ich etwas verunsichert. Hier und da war schon sehr deutlich zu erkennen, dass der Zahn der Zeit daran nagte. Die meisten Teile bestanden nun mal aus Metall, und wenn dies nicht gut vorbehandelt wurde, dann fing es leider auf ganz natürliche Weise an zu korrodieren. Klar, ich ging davon aus, dass mein Auto nach der Herstellung beziehungsweise der Montage einen Korrosionsschutz bekommen hatte, aber nach 13 Jahren konnte dieser natürlich nicht mehr viel verhindern. Deshalb schaute ich mir alles so gut an, wie ich konnte. Ich hatte mir dafür extra kleine Auffahrrampen gekauft, auf die ich dann auffuhr, um so mehr Platz unter dem Auto zu haben. Ich denke, im Allgemeinen sah das Auto recht gut aus, nur störte mich der Rost schon sehr, und ich wollte einfach, dass ich länger Freude an meinem Auto haben konnte. Ich ging rüber zum Baumarkt und besorgte mir Rostumwandler-Spray, Zink-Spray und Hohlraumkonservierung-Spray, um die Arbeit verrichten zu können. Den Rostumwandler sprühte ich zunächst einmal auf die Stellen, die stark mit Rost befallen waren, auch alle Schrauben, die ich sah, wurden erstmal angesprüht. Nach einigen Minuten sah ich schon eine Reaktion der Stellen, die ich besprüht hatte.

Sie verfärbten sich von rostrot zu dunkelgrau. Anschließend nahm ich ein altes Tuch und wischte die Stellen gründlich ab. Zum Teil nahm ich auch eine Drahtbürste zur Hand und bürstete die Schrauben und die stark verrosteten Stellen ab und besprühte diese erneut mit dem Rostumwandler. Es hat richtig Spaß gemacht, anzusehen wie sich die stark verschmutzten und mit Rost befallenen Teile wie von Geisterhand säuberten und wieder in neuen Glanz erschienen. Wie funktioniert so etwas denn überhaupt? Ein Rostumwandler ist eine chemische Substanz, die dazu verwendet wird, Rost, also Eisenoxid, auf Metalloberflächen zu behandeln und zu stabilisieren. Das Ziel ist es, den Rost in eine stabilere Verbindung umzuwandeln, die die Korrosion stoppt und eine schützende Basis für weitere Beschichtungen bietet. Rost stabilisieren? Im Zusammenhang mit Rostumwandlern bedeutet stabilisieren, dass die chemischen Reaktionen den instabilen Eisenoxid in eine stabilere Verbindung umwandeln. Diese stabilere Verbindung ist weniger reaktiv und bietet besseren Schutz gegen weitere Korrosion. Eisenoxid ist porös und bietet wenig Schutz gegen weitere Korrosion, da es Feuchtigkeit und Sauerstoff durchlässt, was die Korrosion fördert. Durch die Anwendung eines Rostumwandlers wird der Rost in eine festere und weniger poröse Verbindung umgewandelt. Es beginnt nun die Bildung des Eisenphosphats. Bei der Reaktion mit Phosphorsäure, welche in dem Rostumwandler-Spray enthalten ist, entsteht Eisenphosphat. Eisenphosphat ist eine harte, undurchlässige Schicht, die das darunterliegende Metall vor Feuchtigkeit und Sauerstoff schützt.

Diese Schicht haftet gut auf der Metalloberfläche und bildet eine stabile Barriere gegen weitere Korrosion. Die neuen Verbindungen, die durch die Reaktion mit dem Rostumwandler entstehen, sind weniger anfällig für Korrosion, bieten eine bessere Basis für nachfolgende Schutzschichten wie Grundierungen und Lackierungen und haften besser auf den Oberflächen, was den langfristigen Schutz des Metalls verbessert. Nachdem ich mit dem Einsprühen der Stellen fertig war und alles abgewischt hatte, begann ich damit, die Stelle mit Zink-Spray zu besprühen. Das gleiche Prozedere führte ich dann schließlich auch vorn durch. Das war sehr anstrengend, weil ich zu einem Überkopf im Liegen gearbeitet hatte und zu anderen über mir ein zwei Tonnen Koloss stand. Im Groben bin ich recht zufrieden, sah auf jeden Fall schon mal viel besser aus, aber ich müsste das sicher noch einige Male wiederholen, da es leider nicht für immer hält. Ich war sehr fasziniert davon mein Auto mal von unten zu sehen, voll verrückt welche gewaltig großen und massiven Bauteile verbaut sind an solchen Fahrzeugen. Wenn ich ein wenig mehr Ahnung von dem Ganzen hätte und eigene Werkstatt oder einfach nur eine Garage hätte, dann würde ich wohl am liebsten jede Schraube mir genau anschauen und behandeln. Ich träumte auch von einem Austausch der Bremsanlage und dem Fahrwerk. Zum Beispiel schön große Bremssättel vom Porsche Panamera GTS mit sechs Kolben in signalrot und ein Fahrwerk von Bilstein. Ein Traum, denn die Kosten dafür betragen locker 2.000 EUR ohne den Einbau. Weihnachten kommt ja auch bald wieder...

Vorne unter dem Motor, hinter der Stoßstange, befindet sich ein Rahmen aus Stahl, der wichtige Motorteile zusammenhält und dafür sorgt, dass im Falle eines Crashs die Aufprallenergie absorbiert wird. Diese hat vom Werk aus bereits Löcher, vermutlich, dass bei der Fertigung des Rahmens die Hitze entweichen kann und aus anderen Gründen. Im Laufe der Zeit, in meinem Beispiel nach 14 Jahren der Benutzung, ließ sich hier gut sehen, an welchen Stellen die Korrosion am stärksten ausgeprägt war.

Des Weiteren kam hinzu, dass grad durch diese Löcher sich die Feuchtigkeit hindurch steigen ließ und diese wiederum dafür sorgte, dass der Rahmen auch von innen korrodiert sein würde. Um dagegen vorzugehen, habe ich im Baumarkt auch noch Hohlraumkonservierung gekauft. Das ist auch eine Spraydose mit einem langen Schlauch vorn am Sprühkopf. Diesen Schlauch schob ich jeweils in die Löcher hinein und sprühte somit die Innenseite des Rahmen aus. Das Besondere an diesem Mittel ist, dass ein Bestandteil der Hohlraumkonservierung ein Wachs ist, welches bei Hitze nicht stark verflüssigt und geruchlos ist. Es haftet gut an Metall und ist langlebig, da es nicht einfach zu entfernen ist. Trotzdem müsste man eine solche Behandlung circa alle zwei Jahre durchführen, um einen intensiven Langzeitschutz zu erhalten. Danach kam auch auf den Rahmen der Rostumwandler drauf, um den groben Rost leichter abwischen zu können. Nachdem ich einige Minuten den Rostumwandler eingewirkt hatte, konnte ich den groben Rost abwischen und das Zink-Spray auftragen. Nun sah das Ganze schon viel besser aus als davor und ich denke, dass es damit doch etwas mehr Schutz gegen den bösen Rost hat. Ich werde dann vermutlich alle zwei Jahre das Prozedere wiederholen müssen.

Einbau Sitzheizung (07.12.2021)

Die Sitze in meinem VW T5 Transporter waren eher mittelmäßig. Besonders die Bezüge gefielen mir nicht, aber es handelte sich ja schließlich um ein Handwerkerauto mit einer eher spartanischen Ausstattung. Im Internet googelte ich zunächst nach passenden Bezügen. Glücklicherweise gab es für mein Fahrzeug viele Ersatzteile und eine Menge toller anderer Gegenstände, um es zu verschönern. Ich suchte viel bei eBay Kleinanzeigen, aber auch bei verschiedenen Internetgeschäften. Letztendlich entschied ich mich für einen hellen, beigefarbenen Stoff. Diese Bezüge gab es als Set für die Zweiersitzbank und den Fahrersitz für 80 E. Bevor ich die Bezüge über die Sitze spannte, flickte ich noch die alten Bezüge. Durch das viele Einsteigen war der Fahrersitz an der linken Seite der Polsterfläche aufgerissen. Das ist eine typische VW T5 Krankheit; man findet selten einen, bei dem der Fahrersitz noch heil ist. Damit der Bezug beim Sitzen nicht verrutscht, klebte ich doppelseitiges Klebeband an den Seiten und vorne an der Stirnseite auf. Die Polster bestanden aus zwei Teilen: der Sitzfläche und der Rückenlehne. Zuerst begann ich mit der Sitzfläche. Ich stülpte den Bezug über den Sitz und spannte ihn mit den eingenähten Spannbändern und Metallhaken hinten an der Sitzkonsole. Bei der Rückenlehne war das Ganze etwas schwieriger. Zuerst nahm ich die Kopfstütze ab, um dann den Stoff von oben drüberstülpen zu können. Diesen fixierte ich dann ebenfalls an der Sitzkonsole.

Das gleiche Prozedere erwartete mich an der Doppelsitzbank. Hier musste der Sitzbezug so verspannt werden, dass sich die Klappe noch öffnen ließ, um an das Staufach unter dem Sitz zu gelangen. Um zusätzlich einen besseren Sitzkomfort zu haben, legte ich noch eine mitteldicke Lage Schaumstoff auf die Sitzfläche. Die Schaumstoffplatte besorgte ich mir im Bauhaus. Der Bezug der Rückenlehne hatte zusätzlich einen Reißverschluss in der Mitte, um den Sicherheitsgurt hindurchzuführen. Als Letztes waren die Kopfstützen dran. Das war das Einfachste: Diese musste ich nur drüberstülpen und zurück in die Löcher stecken. Super happy begutachtete ich meine Arbeit und freute mich schon auf die nächste Reise mit meinem Auto. Da mein Auto leider über keine Klimaanlage verfügt und die Heizung erst nach etwa einer halben Stunde Fahrt zu wärmen beginnt, da die Wärme vom Motor abgeleitet wird und die Trennwand von mir entfernt wurde, ist es im Winter eher kalt und im Sommer extrem heiß im Auto. Um eine Lösung zu finden, überlegte ich, eine Klimaanlage nachrüsten zu lassen. Nach intensiver Recherche stellte ich fest, dass dies für mich finanziell derzeit nicht möglich war und Klimaanlagen erfahrungsgemäß oft zu teuren Defekten neigen, die dann wiederum teuer repariert werden müssen. Für eine solche Nachrüstung müssten das komplette Armaturenbrett und wahrscheinlich der halbe Motor ausgebaut werden, um die Aggregate und Bauteile der Klimaanlage im und am Auto verbauen zu können.

Die ganze Aktion hätte zwischen 4.000 und 6.000 EUR gekostet. Daher suchte ich lieber nach Sitzpolstern mit Belüftung. Ich fand ein Set bei Aldi.de für 70 EUR. Diese gefielen mir, weil die Polster sowohl Kühlung als auch Wärme versprachen. Nach einigen Tagen voller Vorfreude kamen sie endlich an. Leider waren sie etwas zu groß und für die Beifahrerbank nicht wirklich kompatibel, da ich sie unter den Sitzbezügen verstecken wollte, aber dann die Klappe nicht mehr öffnen konnte, da diese sich nach vorne aufklappte. Ich legte provisorisch das Polster auf den Fahrersitz und verkabelte es. Das Coole an dem Polster ist, dass man es mit einem USB-Anschluss betreiben kann, während die meisten anderen Geräte nur über einen Stecker für den Zigarettenanzünder betrieben werden können. Dies wollte ich nicht, da ich diesen Anschluss bereits durch USB-Anschlüsse ersetzt hatte, um mein Handy zu laden. Die Polster funktionierten, aber leider war die Vorfreude viel größer als die tatsächliche Leistung des Geräts. Im Winter spürte man etwas Wärme am Hintern und am Rücken, was schon toll war, aber im Vergleich zu einer richtigen Sitzheizung war es ein Witz.

Im Sommer war es ähnlich. Man schwitzte so stark im Auto, dass man die Kühlung nur minimal bemerkte, aber es war wenigstens etwas besser als zuvor. Da mir natürlich die Optik nicht gefiel und ich nicht umsonst die schönen Sitzbezüge gekauft hatte, zog ich diese noch einmal halb ab und stopfte das Klimapolster unter den Sitzbezug. Anschließend spannte ich den Sitzbezug schön und fixierte ihn dann erneut an der Sitzkonsole.

Rücksitzbank (29.01.2022)

So wie bei den Felgen suchte ich auch eine Rücksitzbank für meinen Bulli. Lang lebe eBay Kleinanzeigen! Warum wollte ich eigentlich eine Rücksitzbank haben? Klaro, weil es im California auch eine gibt und ich es mega cool fand, wenn hinten noch zwei Personen mitfahren könnten. Also ging ich wieder einmal auf die Suche bei Kleinanzeigen nach einer Rücksitzbank für einen VW T5. Das Angebot war groß, es gab circa 65 Anzeigen. Die Inserate reichten von Doppelsitzbänken bis zu Dreiersitzbänken, von 50 EUR bis zu 3.000 EUR. Die Sitzbänke unterschieden sich darin, dass es zum einen die klassischen Modelle gab: ein Metallrahmen mit gepolsterten Sitzflächen und gepolsterter Rückenlehne, die nicht verstellbar waren, einige mit Armlehne und andere, bei denen man die Rückenlehne verstellen konnte. Diese konnte man in die dazugehörigen Sitzanker am Boden des Laderaums einklinken, da die Sitzbänke an den unteren Enden des Rahmengestells eine Art Klaue haben, die sich dann fest an den Bodenanker klammert. Diese konnten wiederum mit Hilfe eines kleinen Mechanismus aus Federn und Spangen durch Ziehen an einer Schlaufe in eine Richtung geöffnet werden. Diese Bänke fand man in den VW Transportern und Caravellen.

In den hochwertigeren VW-Bussen wie dem Multivan, Pan Americana und dem California befinden sich Rücksitzbänke mit Schiebefunktion. Das heißt, es sind keine festen Bodenanker in der Bodenplatte verbaut, sondern Schienen, die längs durch die gesamte Ladefläche verlaufen. Dementsprechend waren die Sitze zum einen anders konzipiert und zum anderen viel hochwertiger verarbeitet. Beim Multivan gab es auch Einzelsitze, die viele Funktionen besaßen: sie konnten durch das Schienensystem von ganz hinten nach ganz vorn verschoben werden, sie konnten beheizt werden, sich um dreihundertsechzig Grad drehen lassen, die Rückenlehne nach hinten verstellen und nach vorne klappen lassen, hatten Armlehnen, integrierte Kindersitze und bei den ganz ausgefallenen Businessausstattungen sogar eine Massagefunktion. Bei den Doppelsitzbänken und auch bei den Dreiersitzbänken gab es neben der guten Verarbeitung ein großes Staufach unter der Sitzbank, das durch Öffnen der Klappen an der Vorderseite und an der Rückseite zu einer durchgehenden Öffnung wurde. Diese konnte man schließlich auch umklappen und als Bett benutzen. Dementsprechend wurden auch die unterschiedlichsten Rücksitzbänke mit großen

Preisunterschieden angeboten. Klar, am liebsten hätte ich natürlich eine klappbare Rücksitzbank gehabt, wie sie im California verbaut ist, aber 2.000 EUR für eine gebrauchte Rücksitzbank? Das war mir zu teuer. Nach längerer Suche fand ich eine, die meinem Budget entsprach. Es handelte sich um eine Zweiersitzbank, die ursprünglich in einem VW T5 Caravelle Polizeiauto verbaut war. Das Objekt der Begierde befand sich in der Nähe von München. Kurz hingefahren, kurz begutachtet und schon war ich um 160 EUR ärmer und um eine Rücksitzbank reicher. Gleich danach bestellte ich noch einmal die gleichen Sitzbezüge wie vorne, damit meine Inneneinrichtung einen einheitlichen Stil hatte. Um die Rücksitzbank nun am Boden befestigen zu können, kaufte ich mir zusätzlich noch bei eBay Kleinanzeigen die Bodenanker. Nachdem diese bei mir eintrafen, stellte ich leider fest, dass es ein riesiger Aufwand gewesen wäre, diese im Boden einzulassen, da über der Bodenplatte eine Siebdruckplatte und die Holzparkettplatten lagen. Zusätzlich waren die Klauen der Rücksitzbank defekt und nur schwer reparierbar. Also überlegte ich mir, gleich eine Art Schienensystem zu bauen, auf dem die Bank befestigt sein würde. Bis es allerdings dazu kam, befasste ich mich erstmal mit anderen Projekten.

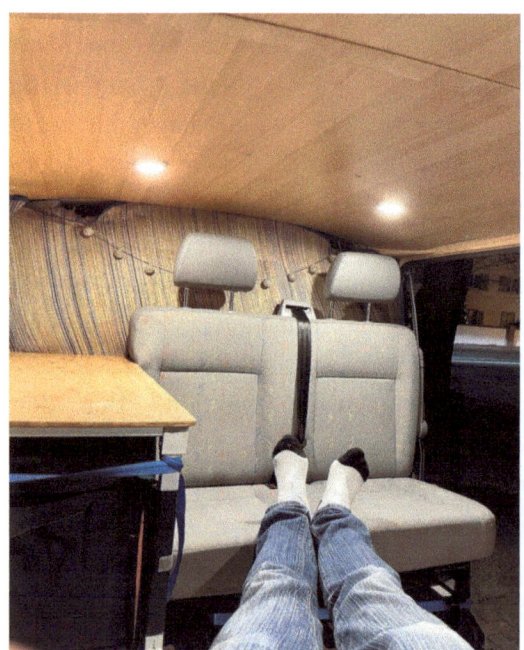 

Küche V1 (26.03.2022)

Als ich im Urlaub bei meinen Eltern auf einem Campingplatz zu Gast war, fuhren wir zu einer Fritz Berger Filiale. Ich hatte keine konkrete Vorstellung davon, was ich eigentlich noch benötigen würde, aber ich spielte mit dem Gedanken, mir eine Campingküche zu kaufen, da mir das fürs Erste am sinnvollsten erschien. Als ich schließlich alle Campingküchen genau angeschaut hatte, fiel mir eine ganz besonders ins Auge. Als ich den Verkäufer fragte, ob es noch weitere Exemplare von diesem Modell gäbe, verneinte er dies. Schließlich handelte ich sogar einen Rabatt auf das Ausstellungsstück aus und ergatterte mir eine neue Campingküche für circa 120 EUR. Glücklich und zufrieden platzierte ich die Campingküche im Laderaum.

Die Campingküche war an sich echt cool konstruiert. Sie bestand aus einer Rahmenkonstruktion aus Aluminiumprofilen, einer Bambusholzplatte, die oben als Arbeitsplatte fungierte, einer Art Zeltstoff, der im Grunde wie eine große Tasche war, Gelenken und vier Holzplatten, die sich im Inneren befanden. Um an die vier Fächer zu gelangen, konnte man die Campingküche von vorne mit zwei Reißverschlüssen öffnen. Sie bot recht viel Platz, um Töpfe, Pfannen, Geschirr, Besteck und ein paar

Lebensmittel zu verstauen. Durch vier Gelenke an den waagerechten Aluminiumprofilen konnte die Campingküche zusammengeklappt und leicht verstaut werden, wenn man sie nicht brauchte. Das gefiel mir nicht so sehr, da die Campingküche dadurch recht instabil war und ich diese Funktion niemals brauchte. Die Campingküche befand sich entweder im aufgebauten Zustand im Auto oder ich brachte sie so in den Keller, weil man sonst all die Gegenstände vorher ausräumen hätte müssen und diese wiederum irgendwo lagern müsste.

Leider hatten die Konstrukteure der Campingküche nicht bedacht, eine Art Sicherung für die Gelenke einzuplanen. Durch die Benutzung und auch während der Autofahrten verdrehten sich die Aluminiumprofile und die Campingküche knickte dann öfter mal ab. Also bohrte ich an den Seiten über die Gelenke Metallplatten an, sodass sich die Campingküche nicht mehr zusammenklappen konnte. Als nächstes überlegte ich mir, wie ich die Campingküche schließlich so ähnlich wie bei dem VW California bauen könnte. Nachdem ich die Campingküche vermessen hatte, suchte ich im Internet nach einer passenden Spüle. Das stellte sich letzten Endes als eine tagelange Suche heraus, da es ein sehr überschaubares Angebot auf dem Markt gab. Die meisten Spülen gefielen mir entweder nicht gut genug oder waren einfach zu groß, um sie in die Campingküche einbauen zu können. Schließlich fand ich eine schöne Spüle von Dometic, die mir sehr gefiel. Das Besondere an der Spüle war, dass sie eine schwarze Glasplatte mit versteckten Scharnieren besaß, einen Wasserhahn und aus Edelstahl bestand. Die 160 EUR empfand ich für dieses Prachtstück als angemessen. Nachdem die Spüle bei mir ankam, packte ich sie aus, um sie zu begutachten. Am Wochenende nahm ich mir schließlich vor, die Spüle in die Campingküche einzubauen. Ein traumhaftes Wetter lud mich ein, um wieder vor der Tür auf die Straße zu gehen und dieses Projekt anzugehen. Ich nahm zuerst die Rückbank heraus, um die Campingküche herausheben zu können. Zuerst schraubte ich die Arbeitsplatte ab, dann maß ich die Spüle ab und übertrug die Innenmaße der Spüle auf die Arbeitsplatte. Um mit meiner Akkustichsäge die Aussparung für die Spüle aussägen zu können, musste ich zunächst ein kleines Loch bohren, um das Sägeblatt an der Linie ansetzen zu können. Anschließend sägte ich die Aussparung heraus, und schon war eine genau passende Öffnung da, um die Spüle dort hinein zu setzen. Das Ganze ließ ich zunächst eine Weile provisorisch so stehen und widmete mich erst einmal einem anderen Projekt.

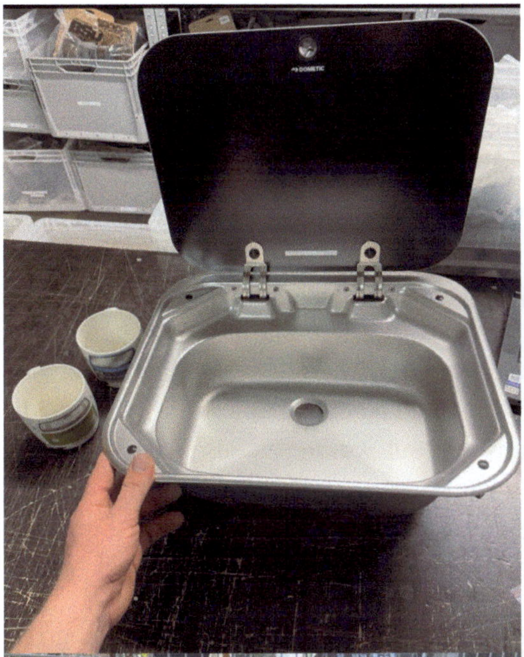
DOMETIC

www.kunstform.org

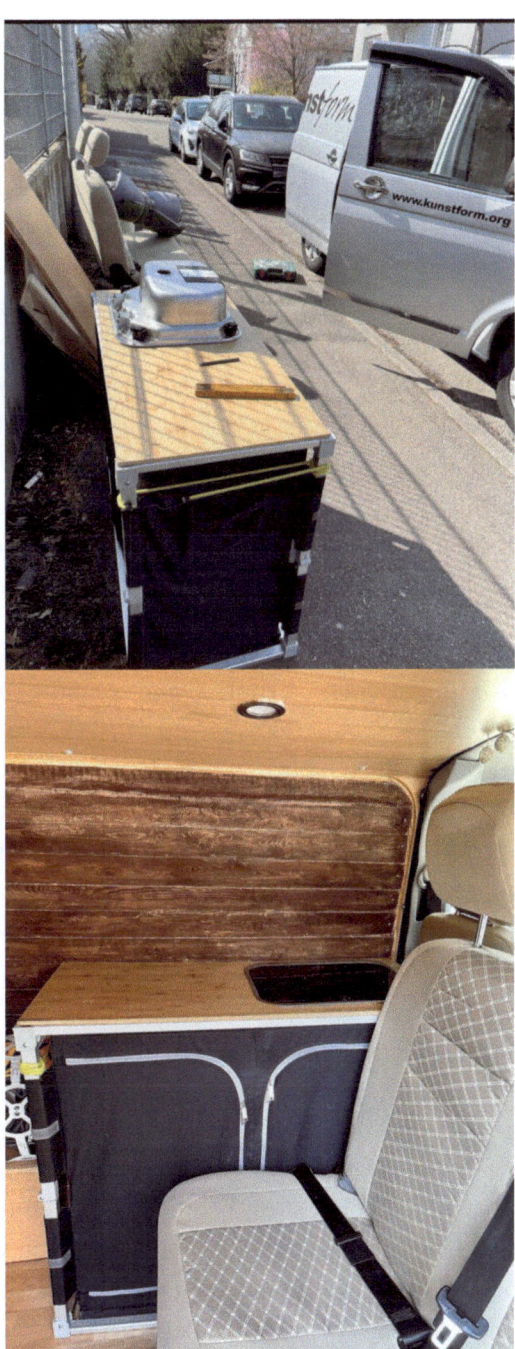

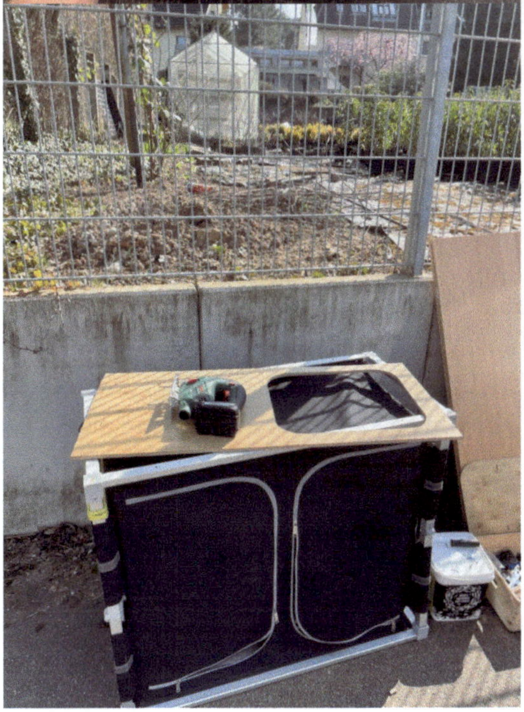

Autoradio (30.03.2022)

Da mein Auto recht groß ist und das Einparken schon recht schwierig war, träumte ich davon, mir eine Kamera einzubauen, um beim Manövrieren Hindernisse oder gar Schlimmeres zu vermeiden. Ich begann damit, wieder einmal im Internet nach einem Autoradio zu suchen, das alles hatte, was heutzutage Standard ist. Es sollte ein großes Farbdisplay mit einem Anschluss für die Rückfahrkamera haben, sich mit meinem Handy verbinden können, um Musik abzuspielen, eine Freisprecheinrichtung besitzen, Tasten haben, um es auch ohne Hinsehen bedienen zu können und natürlich Radio abspielen können. Nach Tagen des Stöberns in eBay Kleinanzeigen fand ich ein Modell, das mir gut gefiel. Es handelte sich um einen Nachbau eines VW Multimedia Radios, das häufig auch in VW T5 Multivans verbaut wurde. Es besaß alles, was ich wollte und sogar ein Navigationssystem. Ich kaufte es für etwa 160 EUR und wartete, bis mich das Paket erreichte. Als es dann eintraf, sah ich leider, dass es sich um eine billige Fälschung handelte, die jedoch rein optisch recht gut aussah.

Ich begann, das alte VW Alpha Radio auszubauen, was recht schnell und ohne große Komplikationen verlief. Dann schaute ich in der mitgelieferten Anleitung nach, welches Kabel ich umstecken musste, um es mit dem neuen Radio zu verbinden. Das war dann doch nicht so einfach, wie ich mir vorgestellt hatte. Letztendlich schaffte ich es nach mehreren Stunden des Ausprobierens. Yippy, es lief! Es schaltete sich ein, ein großes blau-weißes VW-Logo erschien. In den Einstellungen des Menüs konnte ich sogar die Sprache auf Deutsch umschalten. Ein Radiosender ging auch rein, richtig klasse. Anschließend probierte ich das Navi aus. FAIL Nummer eins! Es funktionierte natürlich direkt nicht. Ich schloss die mitgelieferte Kamera an, das war recht einfach, ich steckte einfach einen weiteren Stecker hinten in das Radio und drückte den Knopf für die Rückfahrkamera. Yo, die Kamera funktionierte auch, alles schick. Als finalen Akt musste ich das Doppel-DIN-Radio nur noch in das Armaturenbrett einbauen. Das stellte sich dann als das wohl Komplizierteste heraus, denn ich musste dafür erst einmal den Schacht umbauen und mit dem mitgelieferten Rahmen angleichen, sodass das Radio auch fest im Schacht sitzen konnte. Leider passte das nicht so ganz, wie ich es mir vorgestellt hatte, deshalb brach ich wütend das Projekt ab und ging wieder nach oben zum Schlafen, da es auch wieder recht spät geworden war. Als ich dann einige Tage später mich erneut dem Projekt widmen wollte und zum Auto hinunterging, versuchte ich wie immer, ganz normal mit meinem Schlüssel per Knopfdruck das Auto zu entsperren. FAIL Nummer zwei! Das Auto blieb zu. Oh, fuck! Ja, genau! Batterie leer… Ich schloss das Auto manuell auf, öffnete die Tür, steckte den Schlüssel ins Zündschloss und drehte den Schlüssel um. Nichts, aber gar nichts passierte. FATAL ERROR! Gut, was tun? Ich hatte bereits einen Termin für einen Servicecheck bei der Werkstatt und wollte den nicht verschieben. OK, ich zog an dem Hebel unten links im Fußraum, der für die Motorhaube war, und checkte einfach mal die Batterie. Dazu hatte ich mir extra mal ein Autobatterieladegerät gekauft. Also runter mit der Batterieabdeckung, das Ladegerät hatte ich bereits vorbildlich unter der Sitzbank verstaut. Kurz die Bedienungsanleitung durchgelesen und das Gerät an die Autobatterie geklemmt. OK, ich benötigte natürlich noch Strom. Vom Keller durch den Flur in die Waschküche entlang, durch das Fenster in den Vorgarten, um die Kurve auf die Straße und dann noch circa Zehn Meter. Dafür benötigte ich eine Kabeltrommel und oben in der Wohnung und unten im Keller hatte ich nur Dreifachverteiler mit drei Meter Länge. Nützt ja nichts, ich düste mit dem Fahrrad zur Arbeit, um eine Kabeltrommel zu besorgen.

Nach einer soliden Stunde, komplett genervt, kam ich wieder, um die Kabeltrommel auszurollen. Natürlich war eine Kabeltrommel zu kurz gewesen, und ich steckte noch einen Dreifachverteiler an. Mhh, im Nachhinein dachte ich mir, als ich das Ladegerät angeschlossen hatte, dass ich ja auch einfach die Batterie hätte ausbauen können. FAIL Nummer drei! Egal, auf die einfachsten Sachen kommt man halt nicht gleich. Ich verband das Ladegerät mit der Batterie. Die Kabel des Ladegerätes waren schwarz und rot, sodass man die beiden Pole nicht vertauscht beim Anschließen. Die Anzeige des Ladegerätes zeigte eine Spannung von unter 0,5 an. Ja, das war's wohl gewesen. Ich gab dem Ganzen eine Chance, schloss die Motorhaube leicht und wartete bis zum Morgen. Am nächsten Tag, als ich zur Arbeit ging, schaute ich nach, ob die Batterie geladen wurde. FAIL Nummer drei! NÖ, weil TOT! Ergo, Radio raus und neue Batterie bestellen. Nach der Arbeit googelte ich erst einmal, welche Batterie überhaupt für mein Auto geeignet ist. Nach kurzer Recherche stellte ich fest, dass mein guter Herr Vorbesitzer mich etwas übers Ohr gehauen hatte, da für mein KFZ eigentlich eine Batterie mit 100 Amperestunden verbaut sein sollte und ich eine mit 45 Amperestunden drin hatte. OK, sei es so. Ich war daran selbst schuld und musste aus Fehlern lernen. Ich schaute mir dann endlos viele Batterien an, studierte die

Beschreibungstexte, las Kommentare und entschied mich dann für die VARTA "H3 Silver Dynamic 100Ah". Diese hatte für mich am besten abgeschnitten. Es blieb mir nicht mehr allzu viel Zeit übrig. Ich hatte mir die Batterie zur Arbeit schicken lassen, da ich nicht zur Post rennen wollte, weil ich sehr wahrscheinlich nicht zu Hause gewesen wäre. Da die Batterie recht schwer war und es circa sieben Kilometer von der Arbeit bis nach Hause waren, hatte ich die Batterie auf einen Flaschenwagen montiert, um damit nach Hause zu kommen. Leider hatte es angefangen zu regnen, als ich unterwegs war und ich unbedingt noch heute die Batterie austauschen musste, da ich am nächsten Tag frühmorgens einen Termin bei der Werkstatt hatte.

Zu Hause angekommen, schaute ich mir sicherheitshalber noch einmal ein YouTube-Video an, wie man eine Autobatterie austauschen sollte. Ich ging runter zum Auto, öffnete die Motorhaube, schraubte die Trennwand ab, die das Batteriefach und den Motorraum trennte, und klemmte die Pole der Batterie ab. Der Ausbau der alten Batterie war nicht schwer, da die Batterie zum einen ohnehin komplett leer war und zum anderen fast halb so groß wie die neue. Die neue Batterie wieder reinzusetzen, war dagegen doch etwas schwieriger und der Regen hatte mir natürlich auch sehr aufs Gemüt geschlagen. Beim Anschließen der Batterie musste ich darauf achten, zuerst den roten Pluspol und dann den schwarzen Minuspol anzuschließen. Geschafft, das war nun auch nicht schwierig gewesen. Nun der Test: den Schlüssel ins Zündschloss gesteckt und umgedreht. Yippy, das Auto startet, alles wieder gut.

Nachdem ich das Drama mit dem alten Radio erlebt hatte, machte ich mich auf die Suche im Internet nach einem neuen Gerät. Ich googelte erneut tagelang, um herauszufinden, welches Radio meinen Ansprüchen gewachsen war und zugleich auch mit meinem Auto kompatibel war. Es stellte sich wirklich als eine regelrechte Odyssee heraus, da es sehr darauf ankam, welches VW T5 Modell man hat und welche Ausstattung es besitzt, weil es davon abhängig war, welches Radio kompatibel ist und welches nicht. Das wiederum hatte ich dann in einigen Foren im Internet herausgefunden und mich schließlich für das "Kenwood DDX4019DAB 2-DIN" entschieden, da es ein paar Knöpfe an der linken Seite hatte: Lautstärkeregler, Rückfahrkamera, Menü, Telefon und das Hauptmenü. Ich bestellte das Gerät über Kaufland.de und erhielt es schon wenige Tage später. Super cool, ich war super zufrieden mit dem Design und hoffte, dass nun alles funktionieren würde. Am nächsten

Wochenende kümmerte ich mich schließlich um den Einbau des Radios. Der DIN-Schacht war ja bereits leer und das neue Radio passte ganz einfach hinein. Ich hatte mir auch gleich eine Kamera bestellt, die ein Kabel hatte und kein Funksignal benötigte, denn damit hatte ich bereits schlechte Erfahrungen gesammelt. Natürlich blätterte ich erst einmal in der Anleitung, um sicherzustellen, dass ich das richtige Kabel an der richtigen Stelle anschließe. Die Kamera mit dem Radio zu verbinden, war super einfach. Das Radio an das Auto anzuschließen war es jedoch nicht. In dem Set waren verschiedene CAN-Bus-Stecker, die man dann auf- oder umstecken konnte. Ein CAN-Bus-System (Controller Area Network) ist ein serielles Kommunikationssystem, das speziell für den Austausch von Daten zwischen verschiedenen Steuergeräten (ECUs - Electronic Control Units) in Fahrzeugen entwickelt wurde. Es ermöglicht eine effiziente, robuste und störungsfreie Kommunikation innerhalb des Fahrzeugs und hat sich als Standard in der Automobilindustrie etabliert.

Das System verwaltete ständig Daten und daher konnte man nicht jedes Radio einbauen, was man gerne wollte, es sei denn, man war der absolute Crack und kannte sich damit besonders gut aus. So ein CAN-Bus-System ist im Prinzip wie ein Hauptbahnhof und die Schienen sind die Kabel. Nun waren zum Beispiel die Scheinwerfer eingeschaltet und im Display sah man ein Symbol dafür oder das Rücklicht hatte einen Defekt und es erschien ein Warnsymbol auf dem Display. Dafür war das CAN-Bus-System unter anderem verantwortlich, es wurden ständig Daten hin und her geschickt. Das war eine große Revolution in der Automobilbranche gewesen, da man ab nun an viel weniger Kabel benötigte als zuvor, da die jeweiligen Komponenten im Auto immer einzeln verkabelt werden mussten. Dieses System wurde bereits Mitte der Achtziger Jahre von Bosch erfunden und ist circa seit den zweitausenden Jahren in fast jedem Auto verbaut, da ein modernes Auto einfach so viele Funktionen hat, dass es ein Zentralhirn benötigt, um alle Funktionen anwenden zu können, wenn sie gebraucht werden, innerhalb eines Bruchteils einer Sekunde. Nachdem ich nun alle Stecker vermeintlich richtig angesteckt hatte, schaltete ich das Radio ein. Yippy, es funktionierte! Voll toll, auch die Kamera schaltete sich ein, wenn ich auf den Knopf drückte und den Rückwärtsgang eingelegt hatte. Das funktionierte übrigens wegen des CAN-Bus-Systems. Ich steckte den Zündschlüssel wieder aus dem

Zündschloss heraus. Nun sollte sich das Radio eigentlich von selbst wieder ausschalten, doch das tat es nicht.

FAIL! Was war hier los? Leider war ich mit meinem Latein am Ende, wie man so schön sagt, und holte mir wieder Hilfe bei meinem Bruder. Klarer Fall! Leider hatten die Ingenieure bei Volkswagen es so gelöst, dass die Batterie einen permanenten Stromfluss an das System freigibt, um das Auto auch bei Stillstand und bei Nichtbenutzung mit bestimmten Systemen kommunizieren zu lassen. Zum Beispiel mit den Alarm- und Sicherheitsüberwachungssystemen, der Wegfahrsperre, den Onboard-Diagnosesystemen, dem Reifendrucküberwachungssystem, dem Batteriemanagementsystem, dem schlüssellosen Zugangssystem oder auch den Telematik- und Ortungssystemen. Ja, zugegebenermaßen, hatte ich die meisten davon nicht im Auto verbaut, aber der Hersteller hatte in dem VW T5 diese ganzen Sachen schon geplant und zum größten Teil bei dem Multivan verbaut. Da sich mein Bruder damit gut auskannte, half er mir einfach, indem er das Massekabel vom Zündungspol an das vom Radio löte. Somit wurde in diesem Fall das CAN-Bus-System ausgetrickst und das Radio bekam nur Strom, wenn der Zündschlüssel steckte und auf Schaltstellung I stand. Ich würde auch keinem raten, diese Operation selbst durchzuführen, wenn man nicht weiß, was man da tut, da es auch wirklich gefährlich sein kann.

Danke dir, Kevin! :-)

Folierung Armaturenbrett (26.03.2022)

Mein Armaturenbrett war schon stark in Mitleidenschaft gezogen worden, weil zum einen mein Vorbesitzer ein Stuckateur gewesen war und zum anderen, weil ich es farbig haben wollte und es deshalb mit hellbrauner Farbe angesprüht hatte. Leider war diese Idee gar nicht gut, weil die Farbe nicht wirklich auf dem Kunststoff haften blieb, sich in der Windschutzscheibe spiegelte und es auch nicht wirklich gut aussah. Also begann ich, die Farbe wieder abzuschleifen und ruinierte dabei das komplette Armaturenbrett. Nun musste eine Alternative her, also überlegte ich mir, dass es sicher richtig cool aussehen würde, wenn das ganze Armaturenbrett im Holz-Look gestaltet wäre. Wieder einmal fuhr ich zum Bauhaus, um Klebefolie zu besorgen. Zuerst wollte ich ein helles Holz, das farblich zu meinen Sitzpolstern passte. Ich entschied mich allerdings doch um, weil die helle Folie sich ebenfalls in der Windschutzscheibe spiegelte und mich sehr irritierte.

Also kaufte ich eine Folie in einem dunkleren Braun. Ich hatte damit noch keine große Erfahrung, aber schlimmer als zuvor konnte das Armaturenbrett ja kaum aussehen. Ich rollte die Folie auf dem Armaturenbrett aus und überlegte, wie ich sie am besten aufkleben könnte. Einfach war diese Aufgabe ganz gewiss nicht, denn die Konturen des Armaturenbretts waren mit vielen verschiedenen Rundungen, Kanten, Absätzen und Schrägen versehen, sodass ich viele Versuche benötigte, um mich mit der gewonnenen Übung allmählich, Stück für Stück, vorzuarbeiten. Ich hatte herausgefunden, dass die Folie durch bloßes Andrücken nicht gut oder gar nicht auf dem Kunststoff haften blieb, da die Oberfläche des Armaturenbretts eine eher fein genoppte Struktur hatte. Am besten haftet solch eine Folie natürlich auf sehr glatten und planen Oberflächen.

Damit sich die Folie an den Konturen am besten anpasst und der Kleber die beste Wirkung entfaltet, benötigte ich Wärme. Ich nahm ein Feuerzeug zur Hand und fuhr mit der Flamme die Konturen entlang. Erstaunlicherweise funktionierte das recht gut, so arbeitete ich mich schließlich Zentimeter für Zentimeter voran. Erschwerend kam noch hinzu, dass das Holzmuster aufgrund der charakteristischen Holzmaserung zusätzliches Geschick beim Bekleben erforderte, da ich darauf achten musste, dass die Maserung in eine Richtung zeigte. Schnell vergingen so die Stunden, voller Konzentration schnitte ich die Klebefolie in DIN A4-große Stücke zurecht, da sich die

Folie so sich besser verarbeiten ließ. Zum Teil klebte ich bestimmte Abschnitte drei-vier mal, da es sehr schnell sich eine Falte bildete, ich ein Loch reinbrannte, die Maserung schief verlief oder die Folie einfach nicht halten wollte und ich noch zusätzlich mit UHU-Sprühkleber arbeiten musste. Das Handschuhfach hatte ich ausgebaut, da ich so viel besser folieren konnte und auch nur an den inneren Kanten herankam. Nachdem das Handschuhfach wieder eingebaut war, nahm ich die Beplankung an den A-Säulen ab und beklebte auch diese. Nun war ich schon recht weit gekommen, aber natürlich noch lange nicht fertig, mein Ziel war es gewesen, nahezu alles aufzuhübschen, also beklebte ich noch mein Lenkrad, die Schalttafel und den oberen Türbereich mit der Folie.

Ich klebte in jeder freien Minute und hatte schon wunde Finger, aber konnte es kaum erwarten, damit fertig zu werden. Leider musste ich feststellen, dass sich auch diese Folie in der Windschutzscheibe spiegelte. Leider war es wieder ein völliger Fehlschlag, aber egal, ich legte einfach provisorisch ein schwarzes Handtuch auf das Armaturenbrett und löste somit vorerst das Problem. Jetzt wusste ich auch, warum so gut wie jedes Auto ein schwarzes Armaturenbrett hatte. Nun war es schon wieder der 1. Mai und ich besuchte an diesem Wochenende meine Eltern auf dem neugebauten Campingplatz in Erfurt. Es war sehr schön dort und ich träumte davon, irgendwann bald mal in meinem eigenen Camper zu schlafen. Anstatt vor dem Wohnwagen meiner Eltern zu sitzen, ein Buch zu lesen und die Beine hochzulegen, wollte ich lieber wieder kleben. Das wurde nun zu meinem neuen Hobby. Ich hatte mein Auto vor dem Campingplatz abgestellt, da Besucher natürlich nicht ihr Auto mit auf den Campingplatz nehmen durften. Leider hatten die Campingplatzbetreiber keinen Parkplatz für Besucher vorgesehen, deshalb parkte ich mein Auto sehr dicht neben einem Zaun auf der Straße am Eingang des Campingplatzes, weil die Straße so eng war. Musik spielte ich vom Handy ab und legte los. Ich hatte noch genügend Klebefolie und Feuerzeuge im Auto, um mit meiner Arbeit fortzufahren.

Diesmal waren die B-Säulen dran, dort an den Holmen, an denen die Sicherheitsgurte befestigt waren. Es erforderte wieder viel Geschicklichkeit, da diese Stellen erneut sehr schwer zu berechnen waren und ich die Kunststoffverkleidung nicht abnehmen wollte, weil es zum einen knifflig ist, diese zu entfernen und zum anderen sehr schnell ein Clip abbrechen konnte, was dazu führte, dass sie nicht mehr richtig in der

Verankerung saß. Natürlich hatte ich das Wochenende auch noch mit meinen Eltern verbracht und wir genossen einen Nachmittag zusammen im Egapark. Der Egapark Erfurt, eine der größten und ältesten Garten- und Parkanlagen Deutschlands, wurde 1961 auf dem Gelände der ehemaligen Cyriaksburg als "IGA-Park" eröffnet, war Teil der internationalen Gartenbauausstellungen der DDR, erstreckt sich über etwa 36 Hektar und erhielt seinen Namen von der "Erfurter Gartenbauausstellung". Der Egapark war auch ein zentraler Austragungsort der Bundesgartenschau 2021 in Erfurt.

Verkaufsstand BMX-Race-Strecke Stuttgart (13.05.2022)

Diesmal kam mein Auto auch mal wieder als Lastenesel zum Einsatz. Wir waren als Aussteller mit unserem kunstform BMX Shop auf der BMX-Race-Strecke in Stuttgart-Münster. In der Vergangenheit hatten wir, wie viele andere auch, unseren Ursprung als Shop bei einem BMX-Contest. Im Jahr 2003 waren wir bereits mit einem Verkaufszelt im Kölner Jugendpark im Eingangsbereich einer der größten BMX-Veranstaltungen der Welt, der BMX-Weltmeisterschaft. Damals, Ende der Sechziger- / Anfang der Siebzigerjahre, fanden auf den dafür geschaffenen Rennstrecken Rennen auf Fahrrädern statt, deren Ursprung aus den Vereinigten Staaten, genauer gesagt aus Kalifornien, kam. Als die Kinder der legendären Freestyle-Motocross-Fahrer ihre Väter auf den Motorrädern nachahmen wollten, aber zu klein für Motorräder waren, sprangen sie stattdessen auf ihren Fahrrädern über die Hügel.

So entwickelte sich im Laufe der Zeit der Begriff "Bicycle Motocross", kurz BMX. Auf diesen Rennstrecken sammelten sich dann die ersten BMX-Fahrer und verkauften zum Beispiel T-Shirts, später auch Ersatzteile für die Bikes. Einige Jahre später, etwa Anfang der Achtzigerjahre, verbreitete sich BMX schnell über den Atlantik nach England, wo die ersten Strecken gebaut und die ersten Wettbewerbe ausgetragen wurden. Fast parallel dazu entwickelte sich aus dem BMX Race heraus das BMX-Freestyle. Beim BMX-Freestyle ging es nicht darum, die Strecke zu durchfahren und als Erster das Ziel zu erreichen, sondern Kunststücke jeglicher Art mit dem BMX auszuführen. Man sprang beispielsweise Bordsteine hoch und runter oder versuchte, auf einem Rad zu balancieren, freihändig oder rückwärts zu fahren.

Ab etwa Anfang der Neunzigerjahre entwickelten sich aus dem BMX-Freestyle eigenständige Sportarten wie Street, Park, Dirt/Trail und Flatland. Die Disziplin Race wurde 2008 sogar olympisch. Da wir 2003 am Anfang standen, befassten wir uns in erster Linie mit dem Verkauf von BMX-Flatland Teilen und BMX-Bikes, etablierten die BMX-Flatland Kultur in Deutschland, indem wir den BMX-Fahrern die nötigen Teile besorgten, da diese zu dieser Zeit nur schwer zu beschaffen waren und lange Wartezeiten erforderten, da die meisten BMX-Firmen aus den USA oder England kamen. Gleichzeitig veranstalteten wir viele BMX-Flatland Events in ganz Deutschland und Österreich und erlangten somit große Bekanntheit in der Szene. 2008 eröffneten wir unseren ersten offiziellen Laden in der Heilbronner Straße 7 in

Stuttgart-Mitte. Ab diesem Zeitpunkt stand ich bereits hinter dem Tresen und begann meine zweite Ausbildung zum Verkäufer, da wir nun nicht mehr aus dem Büro heraus verkauften, sondern ein IHK Ausbildungsbetrieb wurden. Wir hatten uns nun überlegt, nicht nur den Bedarf unserer "Homies" zu decken, sondern jedem BMXer auf der Welt etwas bieten zu wollen. Somit erweiterten wir unser Sortiment in unserem Onlineshop und nahmen uns zur Aufgabe, möglichst viele BMX Produkte und Marken zu führen, um den unterschiedlichen Bedürfnissen der BMXer gerecht zu werden.

Einbau Landstromanschluss (02.06.2022)

Da mein Fahrzeug einst als Lastenesel diente und der Erstbesitzer eine CNG-Gasanlage einbauen ließ, musste das Auto eine Zwangsbelüftung haben. Demzufolge wurde auf der Fahrerseite am hinteren oberen Eck der Seitenwand ein circa zehn Zentimeter großes Loch durchgeschnitten und ein Lüftungsgitter mit acht Blechschrauben verschraubt. Das fand ich eigentlich ganz cool, nur wollte ich, so wie es sich für einen richtigen Camper gehört, 230 Volt Landstrom im Auto haben. Da gab es natürlich diverse Möglichkeiten. Bei dem originalen California waren der Stromanschluss und der Wasseranschluss auf derselben Seite, nur unten neben dem Radkasten über dem Stoßfänger. Bei anderen Camperausbauten war die Stromversorgung auch versteckt im Motorraum, was man daran erkennen konnte, dass die Motorhaube ein wenig aufstand und das Stromkabel herausragte bis zum Stromkasten. Bei anderen war zum Beispiel die Stromklappe hinten im Stoßfänger integriert und fiel nur bei genauerer Betrachtung auf. Ich wollte nicht so einen großen Aufwand betreiben und hatte ja auch Glück gehabt, dass bereits ein Loch in der Seitenwand war.

Also nutzte ich doch gleich dieses, um einen Stromanschluss zu verbauen. Ich schaute wieder mal bei Fritz Berger vorbei und sah, was es eigentlich alles Schönes gab. Mir war aber noch nicht so ganz klar, was ich alles benötigen würde, also fragte ich mal das Personal und ließ mich ein wenig beraten. Ich benötigte auf jeden Fall einen blauen CEE-Stecker für den Landstrom am Campingplatz und irgendwie eine Kupplung für die normalen Schuko-Stecker, um meine Geräte wie Lampe, Kochplatte und all das, was ich sonst noch hatte, benutzen zu können. Nach einiger Zeit des Suchens fand ich solch einen blauen CEE-Stecker an einem Ende, ein ein Meter langes Kabel und einen Schuko-Stecker am anderen Ende. Des Weiteren fand ich noch die Stromklappe, die ich dann später im Seitenblech integrieren wollte. Nun benötigte ich noch die Kupplung, bei der CEE zu Schuko geht. Dieses spezielle Teil habe ich nach langer, intensiver Suche auch bei Fritz Berger gefunden und bestellt. Als ich die Sachen dann beisammen hatte, fuhr ich noch mal zum Bauhaus rüber, um mir noch Silikon zu besorgen. Als ich dann wieder zu Hause angekommen war, holte ich eine Kabeltrommel aus dem Keller, steckte die Stecker zusammen und prüfte, ob überhaupt Strom durchfloss. Yuppy, das funktionierte schon mal.

Als Nächstes montierte ich das Luftgitter ab. Das war easy: nur sieben Schrauben gelöst und vom Blech abgezogen. Nun sah ich die Dämmung, die ich vor Monaten bereits angebracht hatte. Diese schnitt ich mit einem Cuttermesser so zurecht, dass ich die CEE-Kupplung in dem Loch platzieren konnte. Ich steckte diese mit der Seite des Schuko-Steckers nach innen in das Loch hinein. Um diese dort gut festgesteckt zu bekommen, sprühte ich den Zwischenraum mit Bauschaum aus. Nachdem dieser ausgehärtet war, verschraubte ich die Steckdosenblende außen an der Seite der Karosserie. Damit es auch von innen etwas schöner aussah, schnitt ich noch ein dünnes Holzbrett auf Maß und stülpte es über die Steckdose. Anschließend strich ich das Holzbrett noch mit der gleichen Holzlasur an, wie auch die Holzlatten gestrichen waren. Soweit, so gut, jetzt hatte ich theoretisch Landstrom im Auto.

Heckklappe (03.06.2022)

Nun war die Heckklappe dran. Leider war mein Heckschloss defekt und nur noch mit viel Übung mit einem Schraubendreher von innen zu öffnen, indem man diesen mit viel Gefühl in das Schloss drückte und versuchte, den Schnapper nach oben zu hebeln, damit die Mechanik den Verschluss öffnet. Das war mir natürlich viel zu anstrengend, und da mein Bruder, der Kfz-Mechatroniker ist, aber es leider auch nicht repariert bekommen hatte, schaute ich nach einem Ersatzschloss. Kevin hatte mir freundlicherweise eins besorgt und ausgetauscht, nur hat es leider nichts gebracht. Die Mechanik der Zentralverriegelung war defekt und ein Ersatzteil war irgendwie nicht aufzutreiben. Also behalf ich mich mit Trick-17 und spannte einfach ein Kabel vom Schnapper bis nach oben zur Rahmenverstrebung der Heckklappe und öste dieses am Ende zusammen. So konnte ich nun von innen ganz bequem die Heckklappe öffnen. Wir aus dem Osten wissen uns ja bekanntlich zu helfen. :-)

Da die Verkleidung der Heckklappe bereits abgeschraubt gewesen war, nutzte ich die Gelegenheit, um auch die Heckklappe zu dämmen. Ich hatte noch das Material, das ich auch zum Dämmen der Seitenwände und der Schiebetür benutzt hatte. Nun schnitt ich mir mit dem Cuttermesser die Schaumstoffplatten so zu, dass ich diese in den Hohlräumen der Heckklappe einkleben konnte. Ich schnitt Stück für Stück einzelne Teile aus und klebte diese so übereinander, dass sie am Ende bündig mit den Metallverstrebungen gewesen waren. Nachdem ich so gut wie möglich jeden Hohlraum mit dem Dämmmaterial aufgefüllt hatte, zog ich noch zwei Verzurrgurte durch die Querstreben der Heckklappe, da ich mir überlegt hatte, Stühle und meinen Tisch damit an der Heckklappe zu befestigen. So ähnlich, nur deutlich eleganter, war es auch beim originalen VW California. Sie hatten eine Art Tasche konstruiert, die an der unteren Seite einen Reißverschluss hatte und in die Heckklappe integriert war. In dieser Tasche befanden sich zwei Stühle.

Als Nächstes baute ich eine Wand für die Heckklappe aus dünnen Sperrholzplatten. Schwierig gewesen war allerdings der Teil, der über den Rückleuchten zu fertigen war. Dafür nahm ich ein Stück Pappe zur Hand, legte sie an der Kante der Sperrholzplatte an und zeichnete die Kontur entlang der Rückleuchten. Nun hatte ich eine Schablone für die rechte und eine für die linke Seite. Die zwei Pappschablonen legte ich auf ein übrig gebliebenes Reststück einer Sperrholzplatte. Ich zeichnete einfach diese Konturen auf die Sperrholzplatte ab und schnitt anschließend mit meiner Akkustichsäge entlang der Linie die beiden auf Maß gefertigten Teile zurecht. Ich vermaß die große Platte und die Metallträger der Heckklappe und zeichnete mir anschließend in regelmäßigen Abständen Punkte ein, an denen ich mit einem kleinen Bohrer Löcher bohrte, um die Platte anschließend mit Blechschrauben an der Heckklappe zu fixieren. Dasselbe tat ich anschließend mit den beiden Seitenteilen. Zum Schluss beklebte ich die Sperrholzplatten mit Klebefolie, damit die Heckklappe auch farblich zum restlichen Interieur passte.

Einbau Schrank VI (04.06.2022)

Zum Glück war wieder Wochenende! Nachdem ich Monate darüber nachgedacht hatte, ob ich mir einen Schrank ins Auto bauen sollte oder nicht, kam ich zu dem Entschluss, dass es doch sinnvoll war, einen zu bauen. Da ich einige Male im Jahr das Auto als Transporter benötigte, um zum Beispiel für die Arbeit zum Wertstoffhof zu fahren, oder weil ich immer mal wieder jemandem beim Umzug half, fand ich die Idee, einen Schrank im Auto zu haben, erst nicht so gut. Aber ein Schrank war natürlich schon sehr praktisch. Deshalb überlegte ich, den Schrank recht schlank zu bauen, sodass ich einige Utensilien darin verstauen konnte, er aber nicht den halben Laderaum einnahm. Es wäre mir nämlich zu aufwendig gewesen, den Schrank immer wieder rein- und rauszunehmen, wenn ich mal wieder umzog oder zum Wertstoffhof fuhr. Ich war wieder einmal im Bauhaus, um mir die Materialien zu besorgen. Ich kaufte zwei große, dünne Sperrholzplatten, da diese recht leicht waren und nicht viel Gewicht tragen mussten, weil sie im Prinzip nur die Vorderseite des Schranks bildeten, während die Rückseite die Seitenwand des Autos war. Die Seiten wollte ich zunächst offen lassen.

Zusätzlich wollte ich noch ein Rollo aus Bambus haben, da es gut zum restlichen Interieur passte und ich keine Türen mit Scharnieren verbauen wollte, da diese oft im Weg gewesen wären. Da ich leider feststellen musste, dass das Bett nicht so optimal gewesen war, wählte ich den Platz für den Schrank hinten links, da mich der VW California hierfür wieder mal sehr inspiriert hatte. An dem Bett störte leider, dass es zum Einen zu klein war und ich nur quer ausgestreckt schlafen konnte und zum Anderen, dass es viel Geschick beim Aufbauen bedurfte. Ich fing damit an, dass ich zunächst mal eine Platte mit der langen Seite nach unten, an der gebauten Kasten am Radhaus verschraubte. Nun hatte ich schon mal eine gute Vorstellung von der Dimension des Schranks.

Als nächsten Schritt überlegte ich mir, in dem Schrank zwei Regale einzubauen, weil ich zum Einen Möglichkeiten zur Ablage brauchte und zum Anderen, konnte ich mit Hilfe von Winkel den Schrank so fest an der Wand verschrauben. Die Regalbretter schnitt ich auf zehn Zentimeter Breite und 120 Zentimeter Länge. Die Winkel, die die Regalbretter hielten, baute ich aus Holzresten zusammen. Ganz einfach zugesägt, grob zwei Zentimeter mal zwei Zentimeter auf zehn Zentimeter. Ich verschraubte die

Kanthölzer an der Wand auf circa einen Meter Höhe und fixierte die Sperrholzplatte anschließend ebenfalls mit Schrauben an den Kanthölzern, indem ich gleiche Abstände ausmaß und Löcher in die Platte und die Kanthölzer bohrte, da sich die Kanthölzer sonst aufspreizten. Für den oberen Teil des Schranks hatte ich mir überlegt, einfach rechts und links eine Sperrholzplatte zu verschrauben, damit in der Mitte eine große Fläche frei blieb, um die Gegenstände dort hineinstellen zu können. Da die Platten nicht groß genug waren, um bis zur Decke zu reichen, sägte ich aus den Verschnittresten passende Platten zu und verschraubte diese mit den zwei anderen größeren, sodass eine große Fläche entstand. Um die große Freifläche des Schranks in der Mitte schließen zu können, verschraubte ich ein Bambusrollo darüber. Das sah richtig cool aus und war auch recht praktisch. Im Keller fand ich noch ein LED-Band mit Batteriefach. Dieses klebte ich innen im Schrank mit doppelseitigem Klebeband fest. Als Letztes beklebte ich die Sperrholzplatten mit Klebefolie, damit auch der Schrank zum Interieur passte. Nun sah mein Transporter schon aus wie ein Wohnmobil, nur ohne Bett. Das würde ich dann ein anderes Mal einbauen.

Einbau Küche V 1.1 (16.06.2022)

Was für ein herrlicher Tag das war! Die Sonne schien und es war schön warm gewesen. Es war Donnerstag, Fronleichnam, also Feiertag in Baden-Württemberg. Deshalb konnte ich schon den Donnerstagmorgen mit Werkeln verbringen. Auf der Agenda stand: die Küche. Ich hatte mir bereits vor Monaten bei Fritz Berger zwei Wasserkanister, einen klappbaren Wasserhahn, Kunststoffrohre und eine Tauchpumpe gekauft. Nun benötigte ich nur noch Stromkabel, etwas Werkzeug und Lüsterklemmen. Der Plan war, die Spüle zum Laufen zu bringen. Ich wollte gerne, dass ich mir im Auto die Zähne putzen, die Hände waschen und das Geschirr spülen konnte. Ich hatte bereits vor Monaten meine Campingküche vermessen, um zu wissen, wie groß die Wassertanks sein durften. Ich entschied mich für recht kleine 13 Liter große Tanks, da sie für mich ausreichend waren und mit dem Abwasserrohr gut hineinpassten. Damit die beiden Wassertanks in der richtigen Höhe standen, musste ich die Platte, die in der Küche die vier Fächer am Boden stabilisierte, mit Holzlatten um circa zehn Zentimeter erhöhen. Das Montieren des Wasserhahns war recht einfach gewesen: Ich musste lediglich die Überwurfmutter abschrauben, den Wasserhahn mit den Stromkabeln durch die Bohrung des Waschbeckens stecken und anschließend das Stromkabel durch die Überwurfmutter führen und wieder auf das Gewinde verschrauben. Das Abwasserrohr konnte ich einfach über den Schaft des Abflusses stecken, nur leider passte es nicht allzu genau und deshalb wickelte ich einige Lagen Isolierband um das Abflussrohr. Das war der einfache Teil der Angelegenheit. Schwieriger hingegen war das Anklemmen des Stromkreises mit der Tauchpumpe, dem Wasserhahn und der Stromquelle. Die Stromquelle war im Wesentlichen ein Kabel mit zwei Adern, das am Ende an einen USB-Stecker mit einer Lüsterklemme verbunden war. Die Tauchpumpe sollte natürlich nur angehen, wenn man den Wasserhahn betätigte. Das machte die Sache etwas komplizierter. Ehrlich gesagt war ich etwas überfordert, also schaute ich mir ein YouTube-Video an, wie man eine Camping-Tauchpumpe anschließt. Ja, natürlich war es eigentlich ein Kinderspiel. Es gab bei der Tauchpumpe, dem Wasserhahn und dem USB-Stecker jeweils ein blaues und ein braunes Kabel. Ich musste also nur das blaue Kabel vom USB-Stecker mit dem blauen Kabel vom Wasserhahn, das braune Kabel vom Wasserhahn mit dem blauen Kabel der Tauchpumpe und das braune Kabel der Tauchpumpe mit dem braunen Kabel vom USB-Stecker verbinden – fertig!

Ich steckte also den USB-Stecker in den USB-Port im Armaturenbrett, um zu überprüfen, ob der Stromkreis geschlossen war und die Tauchpumpe funktionierte. Und schwups, ein leichtes, surrendes Geräusch! Yippie, es funktionierte! Ich fühlte mich wie ein Erfinder. Nun füllte ich den Wassertank auf, steckte den Wasserschlauch, der mit der Tauchpumpe verbunden war, über den Zapfen der Pumpe und fixierte diesen mit einem Kabelbinder. Zwischen dem Deckel des Wassertanks verlief der Wasserschlauch bis hoch zum Wasserhahn. Ich stellte die Tauchpumpe samt Schlauch vorsichtig in den Tank, verschraubte den Deckel, stellte den Wassertank zurück in den Schrank und verzurrte anschließend die beiden Wassertanks mit dem Schrank und dem Fahrersitz. Der Schrank war nun natürlich beachtlich schwerer geworden und bei einer Vollbremsung oder einem anderen heiklen Manöver hätte sich vielleicht mein Schrank durch den ganzen Laderaum geschoben. Erneut steckte ich den USB-Stecker in den Port. Mit einem überglücklichen Gefühl und großer Begeisterung schaute ich zu, wie das Wasser durch den Wasserhahn strömte und durch das Abflussrohr in den Abwassertank lief. Ich beendete meinen Arbeitstag mit einem genüsslichen, kalten, prickelnden und großen Stuttgarter Hofbräu. Prost!

Einbau Airline-Schienen (22.06.2022)

Wieder einmal war ich im Internet unterwegs. Ich suchte sogenannte Airline-Schienen für mein Auto. Diese Schienen waren etwas ganz Besonderes. Es handelte sich um spezielle Aluminiumschienen, die zur Ladungssicherung in Fahrzeugen, Anhängern oder Frachtcontainern verwendet wurden. Diese Schienen hatten mehrere kleine Löcher oder Schlitze entlang ihrer Länge, in die spezielle Halterungen oder Zurrgurte eingehängt werden konnten. Der Name „Airline" leitete sich ursprünglich aus dem Luftfrachtbereich ab, da dieses System oft bei der Befestigung von Fracht in Flugzeugen verwendet wurde. Sie bestanden in der Regel aus Aluminium, was sie leicht und gleichzeitig stabil machte. Die charakteristischen Löcher oder Schlitze hatten einen genormten Durchmesser, in die spezielle Fittinge oder Haken eingehängt werden konnten. Sie ermöglichten eine sehr flexible Befestigung der Ladung, da die Halterungen an verschiedenen Positionen entlang der Schiene fixiert werden konnten. Ein ähnliches System gab es natürlich bei den VW California und beim den Multivan schon lange, nur hatte VW Nutzfahrzeuge dort ihr eigenes System.

Bei vielen Firmen, die derzeit wie Pilze aus dem Boden schossen und sich mit dem Ausbau von Wohnmobilen und Kastenwagen beschäftigten, wurden häufig diese Airline-Schienen in ihren verschiedenen Campingausbaumodulen genutzt. Nach einiger Zeit des Suchens im Internet stieß ich auf eine Seite, die solche Produkte verkaufte. Nachdem ich meine Ladefläche vermessen hatte, bestellte ich mir vier Meter von den Schienen und noch einige Ösen, die speziell dafür geeignet waren. Als nach wenigen Tagen das Paket kam, sägte ich eine Stange auf Maß zu, sodass ich zwei Schienen auf die komplette Längsseite der Ladefläche verschrauben konnte. Bevor ich das letztendlich tat, vermaß ich den Abstand der Füße von der Rückbank, denn diese wollte ich irgendwie auf den Schienen montieren.

Nun vermaß ich die Breite des Laderaums, um die Mitte zu bestimmen, anschließend nahm ich die Hälfte des Abstands der Füße und markierte diese auf dem Boden. Ich legte anschließend die Airline-Schienen auf der Markierung auf den Boden und bohrte zuerst jeweils ein Loch mit dem Akkuschrauber durch die Airline-Schienen und in den Boden am oberen Ende. Danach entgratete ich die Bohrung mit einem Senkkopfbohrer, damit die Schraube anschließend auch plan in der Airline-Schiene versenkt werden konnte. Das Gleiche tat ich am unteren Ende, nachdem ich noch einmal den Abstand vermessen hatte. Jetzt konnte ich noch weitere fünf Löcher jeweils in den gleichen Abständen in den beiden Airline-Schienen bohren, sie entgraten und zuletzt verschrauben.

Erstes Mal TÜV (10.08.2022)

Der TÜV stand wieder mal an. Dieses Mal war es mein erstes Mal, dass ich mein Auto prüfen musste. Ok, kurz recherchiert, wie man und wo man in Stuttgart sein Auto prüfen kann und was bedeutete denn das alles überhaupt? Die TÜV-Prüfung (Technischer Überwachungsverein) ist eine gesetzlich vorgeschriebene Inspektion von Fahrzeugen in Deutschland, um deren Verkehrssicherheit und Umweltverträglichkeit zu gewährleisten. Sie wird auch Hauptuntersuchung (HU) genannt. Alle Autos müssen in regelmäßigen Abständen zur TÜV-Prüfung, um sicherzustellen, dass sie den geltenden Sicherheits- und Umweltstandards entsprechen. Bei der Prüfung werden verschiedene Aspekte des Autos untersucht. Die TÜV-Prüfung umfasst eine gründliche Kontrolle der Bremsen, um sicherzustellen, dass sie ordnungsgemäß funktionieren und ausreichende Bremskraft bieten. Ebenfalls wird die Beleuchtung des Fahrzeugs überprüft, darunter Scheinwerfer, Blinker und Rückleuchten, um eine korrekte Sichtbarkeit und Funktion im Straßenverkehr zu gewährleisten.

Die Abgaswerte werden gemessen, um sicherzustellen, dass das Fahrzeug die vorgeschriebenen Umweltstandards einhält. Zudem wird das Fahrwerk und die Aufhängung auf mögliche Schäden oder Verschleiß untersucht, da diese für ein sicheres Fahrverhalten entscheidend sind. Auch die Reifen werden überprüft, um sicherzustellen, dass sie genügend Profil haben und keine sichtbaren Schäden aufweisen. Zuletzt kontrolliert der Prüfer die Sicherheitseinrichtungen des Fahrzeugs, wie Airbags und Sicherheitsgurte, um sicherzustellen, dass sie im Falle eines Unfalls einwandfrei funktionieren. Wenn das Fahrzeug alle Anforderungen erfüllt, erhält es eine neue TÜV-Plakette, die auf dem Nummernschild angebracht wird. Sollte das Fahrzeug durchfallen, müssen die Mängel behoben und das Auto erneut geprüft werden.

Die Prüfung muss für Neuwagen erstmals nach drei Jahren, danach alle zwei Jahre wiederholt werden. Die Kosten für die TÜV-Hauptuntersuchung (inklusive Abgasuntersuchung) für einen VW T5 in Baden-Württemberg lagen im Jahr 2024 bei etwa 150 EUR. Diese Gebühren konnten je nach Anbieter (TÜV, DEKRA, GTÜ usw.) und zusätzlichen Dienstleistungen leicht variieren. Sollte die Abgasuntersuchung (AU) bereits separat durchgeführt worden sein, sank der Preis für die reine Hauptuntersuchung auf etwa neunzig bis 120 EUR. Zusätzlich konnten, falls Mängel gefunden wurden, Kosten für eine Nachuntersuchung anfallen, die etwa zwanzig bis 40 EUR betrug. So weit so gut, ich dachte mir, dass ich einfach zu der Werkstatt hinfahre, bei der ich schon einmal gewesen bin, da ich den Ablauf bei den schon kannte und weil die Werkstatt gleich um die Ecke in Stuttgart-Vaihingen war. Also habe ich kurz einen Termin am Telefon vereinbart und eine Woche später mich kurz vorgestellt, mein Auto, Fahrzeugschein und Schlüssel abgegeben und mit der Bahn zur Arbeit gedüst. Im Laufe des Nachmittags bekam ich einen Anruf.

Hallo, Krämer!

Ja, hallo!

Hier spricht Auto

Service Vaihingen.

Ah, hi!

Ihr Auto ist fertig!

Es gibt es hier und

da ein paar Mängel.

Waaaas?! OK!

Was denn genau?

Sie haben den Airbag

mit Klebefolie beklebt.

Nicht zulässig!

Sie haben die Rückleuchten

mit einer Zierblende beklebt.

Nicht zulässig!

Die Traggelenkmanschette ist

beschädigt! Sie können Ihr

Fahrzeug abholen kommen.

Ok, ich mach mich

auf den Weg.

Ciao, bis später!

Ok, auf Wiedersehen!

Ich machte etwas früher Feierabend und fuhr mit der Bahn zurück zur Werkstatt, da diese nur bis halb fünf geöffnet hatte und ich so wütend war, dass ich die Angelegenheit sofort klären wollte. Als ich dort ankam, drückte mir der Mechaniker nur den TÜV-Bericht in die Hand und fragte, ob sie die Mängel beheben sollen oder ob ich es selbst machen möchte.

Ich war so sauer, dass ich nur wütend sagte: „Nee, passt schon. Ich schaue selbst mal." Ich verließ die Werkstatt und suchte mein Auto, das der Mechaniker etwa einen Kilometer weiter im Wohngebiet geparkt hatte. Zum Glück hatte ich keinen Strafzettel bekommen, da es eine Parkzone war. Ich stieg ein und stellte fest, dass er nicht einmal die Handbremse angezogen hatte. Zum Glück war wenigstens ein Gang eingelegt. Zu Hause schickte ich meinem Bruder den TÜV-Bericht per Handy und fragte ihn, ob er mir helfen könne. Am folgenden Wochenende fuhr ich nach Hause nach Eberswalde, gab das Auto bei meinen Großeltern ab und fuhr am Sonntag mit dem Zug zurück nach Stuttgart. Glücklicherweise konnte Kevin das passende Bauteil nachbestellen und es auf dem Hof unserer Großeltern reparieren.

Die Klebefolie konnte ich selbst abziehen und die Zierblenden mussten leider auch ab, da sie kein Prüfzeichen hatten, was in good old Germany nicht zulässig ist. Nun musste die Karre nur noch einmal nachgeprüft werden. Die DEKRA in Eberswalde war nur wenige Straßen entfernt und die Prüfer waren gnädig mit mir. Geil, auf die nächsten zwei Jahre!

Folierung Türen (03.09.2022)

Tübingen-Südstadt: Ich beschäftigte mich damit, meine Türverkleidungen mit Klebefolie zu bekleben, während meine Freundin Franziska sich im Fitnessstudio fit hielt. Ja, ich hatte mir viel vorgenommen und hätte nicht gedacht, dass es so viel Arbeit sein würde. Dennoch hatte ich großen Spaß an der Sache und genoss es, in jeder freien Minute an meinem Auto herumzubasteln. Die grauen Türverkleidungen harmonierten nicht so schön, daher sollten sie eine Holzoptik bekommen. Das erwies sich jedoch als ziemlich schwierig, da es viele Kanten und Rundungen gab und die Holzmaserungen durch die Rundungen verzogen wurden. Da es nahezu unmöglich war, die gesamte Fläche mit einer durchgehenden Folie zu bekleben – wegen der Fensterkurbel, des Türöffners und der Fächer, die alle schwierigen Formen hatten – arbeitete ich viel mit kleinen Stücken, die ich aneinanderfügte.

Da die Klebefolie eine Maserung hatte, entsprach das Ergebnis am Ende jedoch nicht ganz meinen Erwartungen. An einigen Stellen klebte die Folie auch einfach nicht richtig, sodass ich sie teilweise wieder entfernen, die Türverkleidung sorgfältig reinigen und erneut verkleben musste. Mit dem Heißluftföhn ging das dann allerdings viel besser als nur mit dem Feuerzeug. Ich hätte auch die gesamte Türverkleidung demontieren können, um die Folierung vielleicht etwas einfacher zu gestalten, doch das schien mir zu aufwendig, und ich hatte ein wenig Bammel davor, die Fensterkurbel abzubauen – aus Angst, dass das Fenster einfach in die Tür fallen könnte.

WoMo-Zulassung DEKRA (29.09.2022)

Ich war ready! Dachte ich... Mein Ziel war es gewesen, mein Auto als Wohnmobil umzumelden. Derzeit hatte ich die Karre als LKW zugelassen, was mir auch erhebliche Kosten ersparte, denn das gleiche Auto hätte auch als PKW zugelassen werden können. Ich hatte jedoch schon einmal ein Problem bei der Anmeldung bei der Zulassungsstelle gehabt, als ich das Auto ursprünglich als PKW anmelden wollte. Mein Traum war es gewesen, den Bulli als Wohnmobil umzumelden, denn mit einer Womo-Zulassung hätte ich im Jahr deutlich weniger Kosten für das Auto gehabt. Ich hätte dann vermutlich eine Kfz-Steuer von 40 EUR und schätzungsweise einen Kfz-Versicherungsbeitrag zwischen dreihundert und 500 EUR gehabt. Die Zulassungskosten und Unterhaltungskosten für Wohnmobile sind oft günstiger als für PKWs, weil:

1. Wohnmobile werden nach Gewicht besteuert, nicht nach CO_2-Emissionen, was oft günstiger ist.
2. Wohnmobile haben günstigere Tarife, da sie seltener und überwiegend für Urlaubsfahrten genutzt werden, was zu geringeren Unfallwahrscheinlichkeiten führt.
3. Viele Wohnmobile sind nur saisonal zugelassen, was Steuer- und Versicherungskosten weiter reduziert.
4. Wohnmobile fahren weniger Kilometer im Jahr, was zu niedrigeren Schadensrisiken und Reparaturkosten führt.

Das war natürlich eine große Motivation für mich um so viel Zeit, Energie und Geld in mein Auto zu stecken. Nachdem ich jetzt bereits zwei Jahre lang jeder freie Minute investierte, fühlte ich mich bereit zur Prüfstelle zu fahren. Ich war entschlossen und fuhr nach Stuttgart-Möringen rüber ins Industriegebiet, dort wo auch mein geliebter Baumarkt sich befand, nur ein paar Straßen weiter entfernt zur DEKRA-Prüfstelle. Es war Samstag, als ich auf dem Parkplatz auffuhr und meine Karre vor der Werkstatthalle abstellte, um zum Büro zu gehen. Es ist nicht viel los gewesen, ich sah nur einen KFZ-Meister in Arbeitsmontur hinter dem Schreibtisch sitzen. Zielstrebig ging ich auf ihn zu und stellte mich kurz vor. Ich hatte ihn in kurzer Form erklärt, warum ich hier bin.

Hallo, Krämer mein Name!

Ich bin kurz bei Ihnen vorbei

gekommen, um zu fragen, ob

Sie sich mal mein Auto

anschauen könnten.

Hallo!

Ja, haben Sie einen Termin?

Worum geht es denn?

Ich habe ein VW-Bus

und den habe ich nun

zum Wohnmobil umgebaut.

Ah, ok!

Normalerweise benötigen Sie

einen Termin, aber ich komme

mal kurz mit raus.

Ok, super, danke!

Wir gingen raus zum Auto, ich öffnete die Türen und die Kofferraumklappe. Während der Prüfer mein Auto inspiziert, stelle er mir ein paar Fragen. Wie viele Sitzplätze hat Ihr Fahrzeug? Haben Sie ihr Fahrzeug nach dem Ausbau gewogen? Haben Sie einen FI-Schalter verbaut? Kurzum wurden folgende Punkte bemängelt, die dafür sorgten, dass derzeit keine Ummeldung zur Womo-Zulassung möglich war, weil:

1. Es war natürlich nur mit einem Termin möglich.
2. Ich hatte zu wenig Staumöglichkeiten geschaffen. Da ich drei Personen befördern durfte, musste ich auch drei Gepäckstücke (z.B.: Reisekoffer) so verstauen können, dass sie möglichst verschlossen aufbewahren und auch bei aufgebautem Bett, Bank und Tisch, frei zugänglich sind.
3. Falsche Angabe des Leergewichts.
4. Ein zweites Fenster fehlte.
5. Ein FI-Schalter fehlte.

Wow, ich war erst mal total niedergeschlagen und traurig gewesen. Klar, ich hatte mir schon gedacht, dass wohl noch ein paar Sachen nicht ganz hinhauen würden, aber ich hatte mir vorgenommen, diese einfach noch auszubessern und das Fahrzeug zu einem anderen Zeitpunkt erneut bei der DEKRA vorzustellen. Punkt eins war mir einleuchtend und hätte natürlich auch kein Problem dargestellt. Beim zweiten Punkt empfand ich es allerdings schon fast als reine Schikane, was es für sinnlose Bestimmungen gab, um eine Womo-Zulassung zu bekommen. Der Prüfer war echt ganz cool und nett gewesen und meinte, dass ich zum Beispiel einfach ein IKEA-Regal im hinteren Laderaum aufstellen könne, in dem ich zwei Reisetaschen oder Koffer verstauen könnte. Am besten mit einer Rückwand, sodass das Gepäck dann während der Fahrt nicht durch den Laderaum fliegt.

Das hieß, wenn ich drei Reisetaschen oder Koffer einfach unter das Bett stellte und fixierte, wäre das nicht konform, da ich zum einen dann nicht individuell an das Gepäck heran käme und zum anderen mit dem Gepäck voll verstaut auch am Tisch sitzen und auf dem Bett liegen können müsste. Da das Gepäck dann auf dem Boden verstaut wäre, wäre es nicht möglich gewesen, am Tisch zu sitzen. Das Gepäck durfte auch nicht in einer Schrankkonstruktion sein, die als Bettgestell fungierte, da man im aufgebauten Zustand des Bettes nicht mehr an das Gepäck käme, es sei denn, es gäbe eine Tür oder eine ähnliche Öffnung, die auch bei aufgebautem Bett zugänglich wäre. Ich hätte einfach alle Töpfe, Pfannen, Teller und Ähnliches aus meiner Campingküche nehmen sollen, dann wäre genug Platz gewesen, da diese Utensilien nicht für eine Womo-Zulassung erforderlich sind. Der dritte Punkt war einfach zu beheben. Ich fuhr etwa 100 Meter weiter zu einer Firma, die Baustoffe verkaufte und entsprechend eine riesige Waage für LKWs hatte. Punkt vier war der ausschlaggebende Punkt, der mich richtig wütend gemacht hatte.

Ich benötigte für die Womo-Zulassung noch mindestens ein weiteres Fenster, das entweder in der Schiebetür oder in einer Seitenwand des Autos eingebaut sein müsste. Das war mir allerdings ein zu großer Umstand gewesen, da ich kein riesiges Loch ins Auto schneiden wollte und mir extra den Firmenschriftzug auf die Seitenflächen hatte aufkleben lassen. Der fünfte Punkt war einfach nur ein kleiner Gegenstand, der ähnlich aussieht wie ein Verlängerungskabel mit Schuko-Stecker, ein FI-Schalter. Er schützt vor Stromschlägen und Bränden, die durch Erdschluss (Kontakt zur Erde) entstehen können und erkennt auch kleinere Fehlerströme (typisch 30 Milliampere in Haushalten), die von herkömmlichen Sicherungen oft nicht erkannt würden. Der FI-Schalter ist daher besonders wichtig in Feuchträumen, Küchen, Bädern und im Außenbereich. Nach der Prüfung fuhr ich kurz zum Baustoffhandel und klärte das mit dem Gewicht. Für fünf EUR durfte ich mein Auto auf die Waage stellen und es wurde gewogen. Den dritten Punkt hatte ich damit schon mal erledigt.

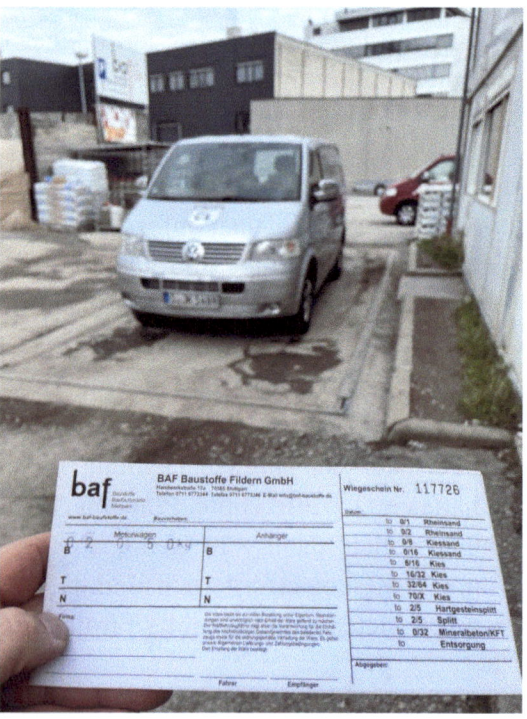

Umbau Rücksitzbank (30.09.2022)

Ich hatte lange überlegt, wie ich es hinbekommen konnte, die Rückbank mit den Airline-Schienen zu verbinden. Normalerweise sind die Rückbänke beim VW Transporter mit sogenannten Bodenankern verbunden. In der Bodenplatte befinden sich normalerweise an festgelegten Punkten diese Bodenanker, das sind stabile Ösen aus Stahl, die mit der Bodenplatte durch recht dicke Schrauben verbunden sind. An der Rückbank befinden sich an den Füßen eine Art Klauen, die an den Bodenankern einrasten, damit die Rückbank stabil fixiert ist. Bei mir waren allerdings weder die Bodenanker noch die Klauen vorhanden. Die Klauen musste ich demontieren, da sie defekt waren und ich sie nicht mehr reparieren konnte, also musste ich mir etwas Spezielles einfallen lassen. Ich dachte an ein Kastenprofil aus Aluminium, das an den Füßen der Rückbank und an den Airline-Schienen verbunden wird. Also machte ich mich wieder einmal auf den Weg zum Bauhaus, diesmal in der Stadtmitte, da ich mit dem Auto zur Arbeit fuhr und nach Feierabend bauen wollte. Ich maß zuerst die Füße der Rückbank aus, beziehungsweise die Enden, an denen sich vorher die Klauen befanden, sowie den Abstand des vorderen und des hinteren Beins. Die Maße schrieb ich mir als Notiz auf und lief rüber zum Baumarkt, der gleich um die Ecke lag. Ich stöberte eine ganze Weile in der Abteilung, um ein Kastenprofil zu finden, das den Maßen entsprach. Letztendlich fand ich zwei Kastenprofile und ging stolz zur Kasse, um sie zu bezahlen. Als ich wieder zurück bei der Arbeit war, spannte ich die Kastenprofile in den Schraubstock ein und sägte sie auf Maß zurecht. Anschließend steckte ich die Kastenprofile in die Enden der Beine der Rückbank und zeichnete mit einem dünnen Edding durch die Bohrungen der Beine Punkte auf den Kastenprofilen an.

Nun wusste ich, an welchen Stellen ich bohren musste. Als Nächstes maß ich den Durchmesser der Schrauben aus, die später die Füße mit dem Kastenprofil verbinden sollten. Ich bohrte jeweils zehn Millimeter große Löcher, entgratete diese anschließend mit einem Senkkopfbohrer, steckte die Kastenprofile wieder zurück in die Beine und verschraubte sie mit den Originalschrauben.

Damit die Rückbank letztendlich auch auf der Ladefläche fixiert werden konnte, bohrte ich jeweils noch acht Löcher oben und unten durch die Kastenprofile und entgratete diese anschließend erneut. Ich hatte mir überlegt, die Plättchen in den

Airline-Schienen mit passenden Schrauben zu verwenden. Die Schrauben waren 100 Millimeter lang, hatten am Ende ein metrisches Gewinde der Größe zehn und am Kopf einen acht Millimeter großen Innensechskant. Ich stellte die Rückbank zunächst in den Laderaum und platzierte sie exakt auf den Airline-Schienen. Mit den Fingern und etwas Geschick schob ich die Plättchen unter die Löcher der Kastenprofile, steckte unter jeden Schraubenkopf noch eine Unterlegscheibe, damit mehr Kraft auf die Kastenprofile wirkte und zog die Schrauben mit dem passenden Werkzeug fest. Leider musste ich mit Bedauern feststellen, dass die Alu-Kastenprofile nicht stabil genug waren. Sie verbogen sich nach jeder weiteren Schraubumdrehung und die Rückbank war somit leider nicht fest genug an der Bodenplatte fixiert. Diese Erfahrung hatte mich nun circa 40 EUR gekostet und ich musste mir etwas Neues überlegen. Wieder zurück zum Bauhaus, suchte ich diesmal nach dem gleichen Kastenprofil, allerdings aus Stahl. Nach langem Suchen und auf Nachfrage musste ich leider feststellen, dass diese Maße nicht verfügbar waren. Ok, dann fuhr ich eben zum nächsten Baumarkt. Ich entschied mich, gleich wieder zu meinem Lieblings-Bauhaus in Stuttgart Möhringen zu fahren, weil dieser Baumarkt einfach riesig ist und mir dort sicher geholfen werden konnte. Nach einer guten Stunde durch die City war ich endlich am Ziel angekommen.

Zielstrebig begab ich mich zur Abteilung mit den Metallstangen und Co. Ich suchte und suchte, doch ich konnte es nicht glauben: Diese Kastenprofile hatten sie nicht im Sortiment. Was sollte ich nun tun? Wütend und genervt fuhr ich wieder nach Hause, um zu überlegen, wie ich dies nun konstruieren sollte. Zu Hause angekommen, klappte ich meinen Laptop auf und googelte einfach drauflos. Ja, eigentlich war es ganz easy gewesen. Im Nu hatte ich einen Onlineshop gefunden, der Metallwaren verkaufte. Ich konnte einfach meine Wunschmaße in eine Tabelle eingeben, den Profiltyp und die Länge auswählen. Zack, PayPal regelt und ab zum Check-out! Fünf Tage später kam ein langes, schweres Paket bei der Arbeit an. Yippy, mein Stahl war da! Ich baute aus diesen Kastenprofilen einfach noch einmal die gleichen Teile nach und montierte sie dann im Auto. Ende gut, alles gut!

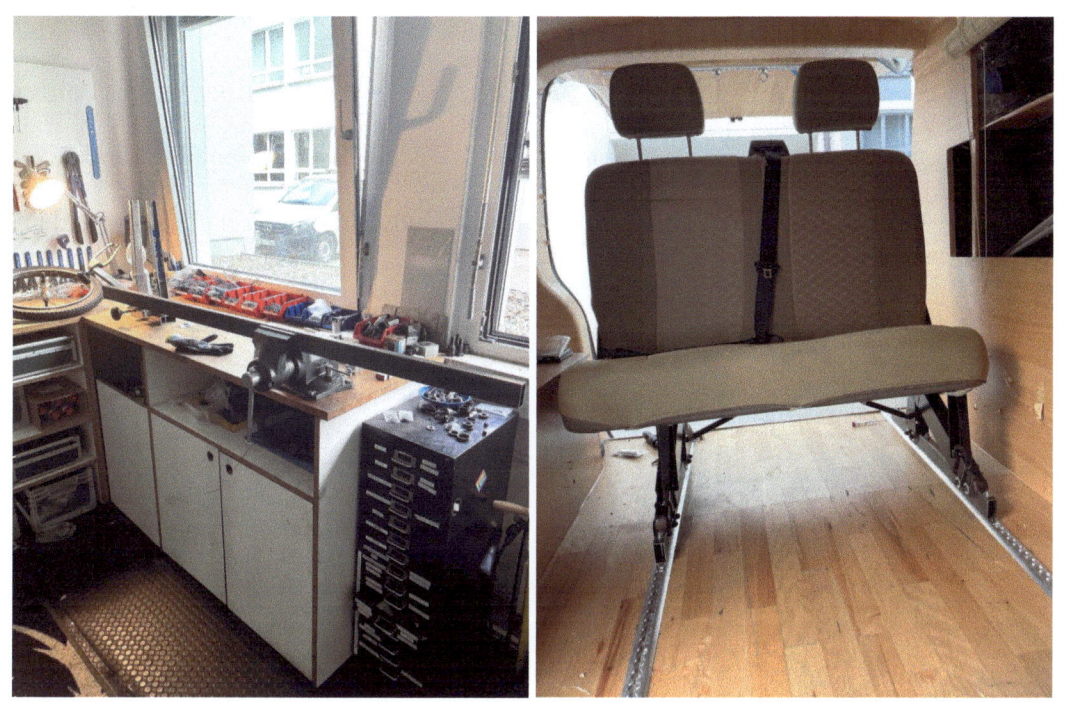

Unfall Tübingen (01.10.2022)

Tübingen-Österberg: Ich war bei meiner Freundin Franziska zu Hause und las ein Buch über John Lennon. Plötzlich klingelte mein Telefon. Ich griff nach meinem Handy. Mhh, eigentlich rief mich selten jemand an und wenn, dann waren es in letzter Zeit meist nur unseriöse Computeranrufe aus Großbritannien. Ich ging ran.

Krämer, hallo!

> Hallo, hier spricht Polizei
>
> Tübingen! Sind sie der
>
> der Fahrzeughalter von dem
>
> Kennzeichen: S-JK1488?
>
> Ein silberner VW-Bus?

Äh, ja…

Ich komme mal kurz

raus auf die Terrasse.

> Ok, ah, ich sehe Sie.
>
> Würden sie einfach kurz
>
> runterkommen?

Ah, ich sehe schon

was passiert ist. Ja,

ich komme sofort!

> Ok, danke. Bis gleich!

Ich war natürlich total aufgelöst und erklärte Franziska kurz, was da unten wohl passiert sein musste. Jemand hatte offenbar mein Auto gerammt. Beide zogen wir uns kurz die Jacken und Schuhe an und gingen hinunter. Als wir schließlich unten waren, sah ich schon die riesige Delle an der Seite meines Autos. Davor standen ein Polizist, eine Polizistin und ein Hermes-Fahrer. Als Erstes gab ich meine Personalien ab und dann erklärten uns die Polizisten, was passiert war.

Der Paketfahrer war in Eile gewesen und hatte wohl vergessen, seine Flügeltüren zu schließen. Als er einige Meter die Straße hinunterfuhr, bemerkte er das und bremste. In dem Moment machten sich die Flügeltüren selbstständig und eine Tür prallte gegen mein Auto. Richtig doof gelaufen. Jetzt hatte meine Karre an jeder Seite Dellen. Die einen kleiner, die anderen größer…

Glücklicherweise hatte der Paketfahrer die Polizei gerufen. Ich bekam dann noch die Kontaktdaten der Firma, um mich über den weiteren Ablauf des Versicherungsschadens erkundigen zu können. Der Tag war gelaufen; total genervt und voller Trauer gingen wir wieder hinauf in die Wohnung. Ich konnte erst einmal nichts tun, außer auf den Brief von der Versicherung zu warten. Nach einer Woche wurde ich schon ungeduldig und schrieb der Firma eine E-Mail. Der Chef antwortete und schrieb, dass er den Schaden demnächst bei seiner Versicherung einreichen werde. Nach der zweiten Woche bekam immer noch keine Post. Diesmal rief ich an.

Hallo, John Krämer mein

Name! Es geht um den

Unfallschaden an meinem

VW-Bus. Haben Sie das

Nun Ihrer Versicherung

gemeldet?

Ah, hallo! Ne, tut mir

leid, mach ich dann

gleich. Ich habe es nicht

vergessen. Wird erledigt!

Ok, können Sie mir dann

bitte eine E-Mail schreiben?

Ich hätte das dann gerne

so schnell wie möglich

geklärt bekommen.

Ja, mach ich! Ciao!

Ok, danke! Ciao!

Dritte Woche vergangen, noch immer keine Post. Ich schrieb wieder eine E-Mail. Nach zwei Tagen, keine Antwort. Ich war schon richtig sauer und musste wieder anrufen.

Hallo, Krämer hier!

Es geht immer noch um

den Unfallschaden an

meinem Auto.

Hallo, hmmm! Was ist passiert?

Was für ein Unfall?

Ey Alter, ich flipp aus!

Was ist los bei euch? Vor

drei Wochen ist ein Fahrer

von euch in meiner Karre
reingefahren und Sie müssen
das bei Ihrer Versicherung
melden!

Ah, ja…

Ja genau, in Tübingen.

Ich kümmere mich darum.

Ich habe Ihnen schon einige
E-Mails geschickt und schon
das zweite Mal angerufen.
Bitte melden sie das!

Ja, tut mir leid! Ich erledige

das jetzt sofort. Ok? Ich

melde mich dann bei Ihnen.

Ok, danke! Ciao!

Einige Stunden später bekam ich dann eine Antwort auf meine E-Mail. Nach der vierten Woche erhielt ich dann wirklich einen Brief von der Versicherung. Darin stand, dass sich der Gutachter gerne mein Auto anschauen möchte um den Regulierungsschaden bestimmen zu können. Anschließend nahm ich Kontakt via E-Mail mit dem Gutachter auf und vereinbarte einen Termin für die Begutachtung. Die fünfte Woche nach dem Unfall brach an. Der Prüfer kam an einen Samstag zu mir nach Hause, um den Schaden zu begutachten. Er notierte die Daten vom Auto aus dem

Fahrzeugschein und inspizierte penibel das gesamte Auto um die Höhe des Schadens und um den derzeitigen Fahrzeugwert ermitteln zu können. Nach ein paar Tagen erhielt ich die Rückmeldung per E-Mail mit dem Schadensprotokoll. Höhe des Schadens beziehungsweise der Reparaturkosten einschließlich Mehrwertsteuer: 1.976,83 EUR. Die Höhe des Fahrzeugwertes beziehungsweise des Wiederbeschaffungswertes: 13.200 EUR. Ich entschied mich dafür, den Schaden nicht reparieren zu lassen und dafür lieber die zwei Mille zu nehmen ;-)

Urlaub Horbourg, Frankreich (03.10.2022)

Unser erster gemeinsamer Urlaub mit dem Bulli führte uns auf einen Campingplatz in Horbourg bei Colmar in Frankreich. Yippie! Ein verlängertes Wochenende, denn am Montag war Tag der Deutschen Einheit. Diese Gelegenheit nutzten wir sofort für einen Campingausflug. Wir planten bereits einige Tage zuvor, wie wir dorthin kommen würden, was wir dort alles Schönes erleben könnten und vor allem, was wir alles benötigen würden. Da es schon recht kalt war, packten wir genügend warme Kleidung und mehrere Paar Schuhe ein. In kleinen Euroboxen, Taschen und Rucksäcken verstauten wir alles im Auto. Für die Reise bereitete Franziska etwas Leckeres zu essen vor. Ich hatte auch einen kleinen Mini-Kühlschrank an Bord, um die Lebensmittel frisch zu halten. Um diesen zu betreiben, nutzten wir eine Powerbank, mit der man Elektrogeräte ganz normal über einen Schuko-Stecker betreiben kann. Los ging es früh morgens um acht Uhr. Wir fuhren über die A8 in Richtung Pforzheim, dann weiter auf der A5 Richtung Rastatt und Offenburg. Schließlich überquerten wir die Grenze nach Frankreich, passierten Straßburg und fuhren auf der A35 in Richtung Colmar, bis wir unser Ziel, den Camping de l'Ill, erreichten. Für unseren ersten Trip waren die circa 230 Kilometer eine solide Strecke für einen Kurzurlaub. In gemütlichem Reisetempo waren wir in gut drei Stunden dort. Nachdem wir angekommen waren, meldete uns Franziska kurz auf Französisch an, da sie gut Französisch spricht. Es war auch eine gute Gelegenheit für sie, ihre Sprachkenntnisse zu testen. Bon séjour! – Einen schönen Aufenthalt!

Der Campingplatz war sehr überschaubar und nach ein paar Runden parkte ich den Bulli auf einem schönen Fleckchen Grün. Nach einigem Hin- und Herrangieren stand der Wagen ziemlich in der Mitte. Wir holten die Stühle und den Campingtisch heraus, um erst einmal in Ruhe Kaffee zu trinken. Doch um den Kaffee zu kochen, benötigten wir Strom. Also machte ich mich daran, die Stromversorgung zu klären. FAIL! Der Stromkasten war leider so weit entfernt, dass mein CEE-Stecker nicht bis dorthin reichte und ich auch keine Kabeltrommel dabei hatte. Zum Glück hatten wir die Powerbank und eine Induktionsplatte an Bord. Allerdings verbrauchte die Induktionsplatte so viel Energie, dass der Akku der Powerbank schnell leer war. Den zweiten Kaffee holte ich daher einfach an der Rezeption. Anschließend erkundeten wir den Ort bei einem Spaziergang und ließen uns in einer Pizzeria nieder. Die erste Nacht zusammen war kalt, aber kuschelig. Ich hatte mir sogar einen Pullover und eine Mütze angezogen. Der Platz zum Schlafen zu zweit war dann doch recht eng. Im Laufe des Urlaubs stellten wir fest, dass der Bus noch einige Veränderungen benötigen würde. Besonders die Küche nahm erheblich viel Platz ein. Da wir wahrscheinlich nicht im Bus kochen würden, war es ärgerlich so viel Platz für die Küche zu verwenden. Außerdem war bei aufgebautem Bett der Stauraum im Küchenschrank kaum zugänglich, was ebenfalls störte. Es war auch sehr umständlich, das Bett aufzubauen. Deshalb hatte ich es schon im Vorfeld aufgebaut, was jedoch nur wenig Flexibilität bot. Die zwei Luftmatratzen reichten zwar für zwei Nächte aus, waren aber für einen längeren Aufenthalt nicht geeignet. Wir stellten außerdem fest, dass wir für künftige Urlaube ein Zelt benötigen würden. Durch den Regen wurden unsere Schuhe nass und ein Zelt würde einfach mehr Platz und Möglichkeiten schaffen. Am Sonntag gingen wir wandern zur alten Burgruine Burg Hohlandsberg (Château du Haut-Landsbourg). Unsere Wanderung führte uns durch traumhafte Landschaften mit Weinbergen, Wäldern und Dörfern. Schließlich erreichten wir einen beeindruckenden Aussichtspunkt zwischen den Zinnen der Burg Hohlandsberg.

Umzug (11.02.2023)

Unser Umzug! Zum zweiten Mal benutze ich mein treues Gefährt für einen Umzug, beziehungsweise für zwei Umzüge. Am Samstag ging es zu Franziskas alter Wohnung, um diese auszuräumen. Ich hatte mir Verstärkung organisiert: Sönke und Saki, meine coolen Kollegen von der Arbeit, unterstützten uns beim Umzug. Wir trafen uns um acht Uhr bei mir in Stuttgart-Kaltental. Überpünktlich standen meine beiden Lieblingskollegen auf der Matte. Nach der herzlichen Begrüßung und einem kleinen Smalltalk stiegen wir in meinen Bulli ein und fuhren nach Tübingen. Glücklicherweise war ihre Wohnung überschaubar groß und sie hatte alles schon sehr gut vorbereitet, sodass wir in der ersten Fuhre alle Kartons und den Kleinkram ins Auto stapeln konnten. Das ging echt fix, da ich das Auto in der Tiefgarage parken konnte und das Haus einen Aufzug hatte. In Stuttgart-Degerloch angekommen, stellte ich meine Karre ebenfalls in die Tiefgarage, wodurch wir viel kürzere Wege hatten. Im Nu war der Bulli ausgeladen und die Kisten alle nach oben getragen. Zurück in Tübingen erwarteten uns nun die großen, sperrigen Möbel. Nach Stunden hatten wir auch diese demontiert, nach unten getragen und im Auto à la Tetris eingepuzzelt.

Langsam wurde es dunkel, als wir mit der zweiten Fuhre an unserer neuen Wohnung ankamen. Das Treppenhaus war so eng, dass es teilweise echt knifflig war, die Couch und die Schränke nach oben zu bringen. Nachdem wir schließlich am Abend alles nach oben geschafft hatten, stießen wir mit einer Flasche Rotkäppchen an und ließen den Abend ausklingen. Am nächsten Tag, am Sonntag, war dann meine Wohnung dran. Wieder half mir Saki und zusätzlich mein alter Freund Holger. Nachdem wir unsere neue Wohnung bekommen hatten und den Termin für den Einzug planten, begann ich, sämtliche Möbel bei eBay Kleinanzeigen zu inserieren. Glücklicherweise konnte ich noch ein IKEA Regal und den Schreibtisch loswerden, aber viele andere Möbel mussten entsorgt werden. Daher räumte ich mit meinen Freunden Moritz und Holger am Freitag, zwei Tage vor dem Umzug, fast meine gesamte Wohnung aus und stellte den Sperrmüll, den ich Wochen vorher angemeldet hatte, auf die Straße beziehungsweise den Gehweg.

Es war total crazy, was sich alles in den letzten Jahren angesammelt hatte. Nach mehreren Stunden und einigen Flaschen Bier stand ein riesiger Berg Müll vor dem Haus. Von der Arbeit lieh ich mir viele Euroboxen aus – so viele, wie ich ins Auto bekam. Die Boxen hatte ich schon einige Wochen vorher mit meinem Hausrat befüllt, da es am Umzugstag unnötig Zeit gekostet hätte, dies erst dann zu erledigen. Am Ende blieben noch eine Kommode, ein großer Küchenschrank und zwei weitere Schränke, die ich alle eigenhändig aus Europaletten gebaut hatte, sowie die letzten Habseligkeiten in den Kisten übrig, die gerade so in die zweite Fuhre passten. Als wir die sperrigen Möbel in den Keller der neuen Wohnung gebracht hatten, war ich happy, alles mit meinem Bulli transportiert zu haben. Danke an alle Helfer! Nun stand der letzte Akt an: Mein altes Aquarium umzuziehen. Ein Umzug mit einem Aquarium ist immer eine heikle Angelegenheit, da vieles schiefgehen kann. Da ich mich dazu entschieden hatte, für die neue Wohnung ein größeres und schöneres Aquarium zu kaufen, stellte ich das alte im Keller der neuen Wohnung ab. Rückblickend hätte ich das wohl anders planen sollen, da es sehr umständlich war. Ich ließ einen großen Teil des Wassers ab, sodass vielleicht noch dreißig von hundert Litern im Aquarium waren. Leider hatte ich nur einen Eimer, aber zu viele Fische, um sie alle darin transportieren zu können. Also ließ ich die Fische im Aquarium und transportierte es samt Einrichtung und Tieren im Auto. Während der Fahrt betrieb ich sogar die Heizung im Aquarium mithilfe meiner Powerbank, da es für die Tiere sehr stressig ist, wenn nur wenig Wasser vorhanden ist und die Temperatur unter 25 Grad fällt. Das Heruntertragen und Aufstellen im Keller war problemlos, doch machte ich mir Sorgen um die Tiere. Leider musste ich nach wenigen Tagen feststellen, dass die meisten Fische den Stress nicht überstanden hatten. R.I.P.

Zahnriemenwechsel, LED-Scheinwerfer (22.04.2023)

Wieder einmal hatte ich meinen Bruder beauftragt, mein Auto zu reparieren beziehungsweise zu modernisieren. Es stand an, den Zahnriemen zu wechseln, da ich nun bereits 180.000 Kilometer auf dem Tacho hatte. Aber was ist das überhaupt? Ein Zahnriemen in einem Auto ist ein entscheidendes Bauteil im Motor, das die Kurbelwelle mit der Nockenwelle verbindet. Dadurch wird sichergestellt, dass die Ventile im Motor im richtigen Moment öffnen und schließen, synchron zur Bewegung der Kolben. Dies ist für den reibungslosen Betrieb des Motors unerlässlich. Der Zahnriemen sorgt dafür, dass die Steuerzeiten des Motors exakt eingehalten werden. Wenn er reißt oder beschädigt wird, kann es zu einem Fehlkontakt zwischen Kolben und Ventilen kommen, was meist einen teuren Motorschaden zur Folge hat. Zahnriemen bestehen meist aus verstärktem Gummi, das im Laufe der Zeit durch mechanische Belastung, Hitze und Alterungsprozesse verschleißt. Beim Zahnriemenwechsel wird nicht nur der Riemen selbst erneuert, sondern oft auch die Spannrolle, Umlenkrollen und die Wasserpumpe, da diese Bauteile ebenfalls verschleißen und mit dem Zahnriemen in direktem Zusammenhang stehen. Der Zahnriemen sollte bei meinem Fahrzeug alle 180.000 Kilometer oder alle zehn Jahre gewechselt werden, je nachdem, was zuerst eintritt.

„Mh", dachte ich mir. Das Auto war bereits 15 Jahre alt, also hätte das schon längst passieren sollen. Wie das immer so ist, hatte ich natürlich gleich große Sorgen, denn wenn der Riemen riss, hätte ich vermutlich einen Totalschaden gehabt. Also schrieb ich Kevin an und fragte ihn, ob er mir helfen und die passenden Ersatzteile besorgen könne. Da sah ich die Gunst der Stunde, denn ich wollte auch gleich die Scheinwerfer und Außenspiegel erneuern. Für die neuen Scheinwerfer wurde ich wieder bei eBay Kleinanzeigen fündig. Für 180 EUR mit LED-Tagfahrlicht war das ja wohl ein Superschnäppchen. Ich hatte schon lange davon geträumt und immer wieder im Internet geschaut, aber die Scheinwerfer, die mir gefielen, fingen bei 500 EUR an. Die Außenspiegel hat Kevin besorgt – und zwar gleich die vom VW T6, da es ja grundlegend das gleiche Fahrzeug ist. Außerdem wertete es mein Auto optisch auf. Dies wollte ich allerdings nur machen, da ich mir meinen rechten Außenspiegel schon ganze drei Mal lädiert hatte. Beim letzten Zusammenstoß mit einem parkenden Lkw war das Gehäuse so defekt, dass der Spiegel nicht mehr hielt und nur noch provisorisch mit Kleber und Klebeband zusammengehalten wurde. Also fuhr ich kurz nach Hause, um mein Auto abzugeben und meine Familie zu besuchen. Kevin schickte mir Bilder von den Umbauten. Es war schon interessant, wie das so unter der Haube aussah, und vor allem, dass er es wieder für mich gemacht hatte. Danke, Kevin! Als ich meine Karre dann einige Wochen später wieder abholte, sagte er noch zu mir:,, Die LED's bleiben meist noch eine Weile an, aber die gehen dann irgendwann schon von alleine wieder aus." Mh ok, dachte ich mir.

Urlaub Mittelberg (05.06.2023)

Urlaub, yippy! Wir konnten die Nacht nicht gut schlafen, da ich jede Stunde aufwachte, um aus dem Fenster zu schauen, ob die LED's endlich ausgegangen waren. Seit mein Bruder die neuen Scheinwerfer eingebaut hatte, blieben die LED's erst nach Stunden aus. Obwohl der Lichtschalter auf "Aus" stand, waren die LED's trotzdem für eine unbestimmte Zeit an geblieben. Das machte mich wahnsinnig und vollkommen unentspannt, da ich ständig befürchtete, dass meine Karre nicht mehr anspringen würde. Nachdem wir beide früh morgens um sieben Uhr aufstanden, frühstückten wir, machten uns fertig und brachten die Sachen nach unten, um das Auto zu beladen. Mein Puls stieg ins Unermessliche, meine Hände schwitzten und ich war mega nervös. Ich drückte auf den Knopf meines Autoschlüssels. Wow, Erleichterung! Die Zentralverriegelung funktionierte schon mal und das Licht ging auch. Nachdem wir das Auto vollgeladen hatten, waren wir ready und nahmen Platz. Ich steckte den Schlüssel ins Schloss, drückte die Kupplung durch und schloss die Augen. Vorsichtig drehte ich ihn um. Das waren wohl einige der aufregendsten Sekunden meines Lebens. Brumm, brumm machte der Bulli und wir blickten uns freudestrahlend an. „Jetzt kann es losgehen", sagte ich und wir fuhren zunächst aus Stuttgart-Degerloch in Richtung Tübingen auf die B27. Dort bogen wir auf die B312 in Richtung Metzingen ab und fuhren dann weiter auf der B28 nach Bad Urach. Von dort ging es über Ulm und Kempten zur Überquerung der Breitach, um schließlich über die B19 zum Campingplatz zu gelangen. Unser Urlaub in Mittelberg war einfach unvergesslich! Die kleine Gemeinde im wunderschönen Kleinwalsertal, einer der malerischsten Regionen der österreichischen Alpen, hatte uns sofort verzaubert. Umgeben von majestätischen Bergen lag der kleine, überschaubare Campingplatz "Camping Vorderboden". Obwohl Mittelberg zu Österreich gehört, ist es nur über eine Straße bei Oberstdorf in Bayern erreichbar. Diese Straßen waren schon eine Herausforderung für den kleinen Bulli, da es größtenteils sehr steil bergauf ging.

Mit der Campingbeladung wog das Auto weit über zwei Tonnen und der kleine Motor bot einfach zu wenig Leistung. So krochen wir die steilen Bergpässe im zweiten Gang mit 40 Kilometern pro Stunde hinauf. Aber insgesamt war es eine sehr schöne Fahrt mit abenteuerlichen Aussichten. Dort angekommen, meldete Franziska uns an und wir bekamen einen Platz für die ersten zwei Tage auf einem Hang gelegenen Stellplatz. Nachdem wir das Auto auf der Parzelle abgestellt hatten, bauten wir erstmal alles auf. Ich hatte mir bei Fritz Berger noch ein paar Sachen bestellt, die das Campen angenehmer machen sollten. Mit an Bord waren nun ein neues Busheckzelt, eine CEE-Kabeltrommel, ein FI-Stecker für den Strom und ein Kartuschen-Gaskocher. Das Zelt war super. Wir mussten nur die Heckklappe öffnen, danach das Zelt darüberlegen, sodass der Eingang mit den Reißverschlüssen nach hinten zeigte. Dann spannten wir die Schnüre, fertig! Leider war der Eingang nun so dicht am Hang, dass ich noch einen Meter nach vorn fahren musste, um nicht den Hang hinunterzustürzen.

Voller Freude rollte ich die Kabeltrommel ab, um den Stecker in den Stromkasten zu stecken. Fail! Leider war es wohl die Zeltwiese, und es gab nur einen normalen Schukosteckeranschluss. Nach einigen Minuten des tiefen Durchatmens und einer leichten Verzweiflung kam dann wieder meine Powerbank zum Einsatz. Alles halb so schlimm – nun wussten wir, dass wir auf jeden Fall noch eine normale Kabeltrommel mit Schukostecker brauchen würden. Wir stellten den Tisch und die Stühle heraus und genossen erst einmal das wunderschöne Panorama, direkt neben dem Bulli sitzend. Danach richteten wir uns im Zelt ein, denn es fing an zu regnen. Wir nutzten die Gelegenheit, um den neuen Gaskocher zu testen. Mit an Bord waren zwei Kochtöpfe, zwei Pfannen, zwei Besteckssets (in Pink und Schwarz), ein Schneidebrett, ein

Schneidemesser, ein Flaschenöffner mit Korkenzieher, ein Kochlöffel, ein Pfannenwender, ein paar Gewürze und einige kleine Tupperware-Dosen. Natürlich hatte Franziska auch noch eingekauft und kochte uns ein leckeres Abendessen im Zelt. Zu dem Traummenü mit Traumpanorama fehlte nur noch der Grauburgunder, den ich noch öffnete. Urlaub vom Feinsten. :-) Es wurde langsam dunkel und nach einigen Stunden gingen dann nachts auch endlich die LED's vom Scheinwerfer aus. Den Laderaum hatten wir dieses Mal umgeräumt. Ich fixierte die Rückbank hinter der Beifahrerbank mit der Sitzfläche nach hinten. Somit hatten wir den Platz, um hinten am Auto auch ein- und aussteigen zu können und es war einfacher, an die Euroboxen zu gelangen. Am ersten Morgen begannen wir den Tag mit einem schönen Frühstück im Zelt mit Bergpanorama. Als Tagesausflug wanderten wir den ganzen Tag durch Mittelberg. Die Region hat hervorragende Wanderwege und wir waren begeistert von den tollen Aussichten auf die Berge, Täler, Wälder und Dörfer. Besonders schön war die Aussicht vom Lift der Kanzelwandbahn. Diese Region ist besonders zu empfehlen, wenn man mittelhohe Berge mag und Lust auf ein Wanderabenteuer hat. Am nächsten Tag fuhren wir mit den Öffis, dem Walserbus, durch das Kleinwalsertal zur Grenze bei Oberstdorf, um dort an der Schlucht an der Breitach zu wandern. Einfach nur toll! Ein gut ausgebauter Wanderweg führte uns – und Hunderte andere Touristen – direkt durch die enge, teils bis zu 150 Meter tiefe Klamm. Die Breitachklamm bot uns faszinierende Einblicke in die Kraft der Natur. Auf einer Tafel stand, dass sie die tiefste Felsenschlucht Mitteleuropas sei und beeindruckende Gesteinsformationen zeige. Die Schlucht entstand durch geologische und natürliche Prozesse über Tausende von Jahren. Ein schöner, sehr eindrucksvoller Urlaub!

Spachtelarbeiten (17.06.2023)

Es war Samstag und ich nutzte dieses Wochenende, um mich um die üblen Dellen am Auto zu kümmern. Für alles gibt es ein erstes Mal, so auch für das Ausgleichen der Dellen. Im Vorfeld hatte ich mir einige Videos bei YouTube angeschaut, um zu sehen, ob das überhaupt allein machbar war und ob ich es hinbekommen würde. Nachdem ich unzählige Videos angesehen hatte, wusste ich, dass es auf jeden Fall schwierig werden würde, da die riesige Delle an der Fahrerseite schon eher etwas für den Fachbetrieb war. Aber ich wollte es einfach selbst machen, da meine Karre ohnehin nicht mehr neuwertig aussah, weil sie an allen vier Seiten mehrere Dellen hatte. Die eine Delle mehr machte da auch keinen großen Unterschied. Wie fing ich an? Ich fuhr wieder einmal zum Bauhaus und schlich durch die Gänge, um Ausgleichsmasse zu suchen. Im KFZ-Bereich wurde ich fündig und kaufte eine kleine Dose sowie mehrere Schleifschwämme. Die Schleifschwämme fand ich super, da sie gut in der Hand lagen und aus verschiedenen Schleifpapierstärken bestanden. Als ersten Schritt schliff ich die zu bearbeitenden Stellen mit dem Schleifschwamm an, da die Ausgleichsmasse einen rauen Untergrund benötigte, um besser haften zu können. Es war schon etwas schockierend, wie hauchdünn die Lackierung bei den VW T5 war. Nach vier- bis fünfmal leichtem Schleifen war bereits die weiße Grundierung sichtbar. Nun war Vorsicht geboten, da ich nicht bis auf das Metall schleifen wollte – das wäre fatal gewesen. Die Stelle war etwa 20 mal 40 Zentimeter groß. Anschließend wischte ich die Stelle großflächig mit einem Lappen und Reiniger ab. Nachdem ich die große Stelle fertig vorbereitet hatte, begann ich dasselbe noch einmal mit den anderen Dellen am Auto.

Mein Vorbesitzer hatte leider schon eine Delle am Radlauf hinten auf der Fahrerseite und an der Heckklappe verursacht. Ich hingegen hatte die andere Seite des Radlaufs beim Ausparken aus einer engen Parklücke lädiert. Dann kam die Ausgleichsmasse ins Spiel. Das war eine Wissenschaft für sich, denn es gab einiges zu beachten. Zur Ausgleichsmasse gehörte eine kleine fünf Gramm Tube Härtemittel, das zunächst eine sämige Konsistenz hatte und rosa war. Ich musste einen guten Klecks der Ausgleichsmasse auf einen Spachtel geben und nur ein kleines bisschen Härter hinzufügen. Anschließend vermischte ich die beiden Materialien gründlich, sodass die rosa Farbe nicht mehr zu sehen war. Bei diesem Prozess hatte ich nur wenige Minuten Zeit, da der Härter mit dem Sauerstoff reagierte und die Ausgleichsmasse zu einer festen, spröden Masse aushärtete. Das Mischungsverhältnis zwischen Ausgleichsmasse und Härtemittel war entscheidend. Der Härter sollte etwa zwei bis drei Prozent der Gesamtmasse ausmachen. Zu viel Härter hätte die Aushärtung zu schnell vorangetrieben, was das Verarbeiten erschwert hätte. Zu wenig Härter hingegen hätte die vollständige Aushärtung verlangsamt und ich hätte erst nach Tagen weiterarbeiten können. Ich hielt schließlich den Spachtel im 45 Grad Winkel an das Blech und zog ihn gleichmäßig über die Dellen, bis das Material vollständig vom Spachtel auf das Blech übertragen war. Schnell stellte ich fest, dass es deutlich schwieriger war, als ich gedacht hatte.

Bei der Begutachtung der Seite entdeckte ich einige Unebenheiten, und während des Verarbeitungsprozesses bildeten sich kleine Kügelchen, die beim Glattziehen Krater in die Fläche gruben. Es war zum Mäusemelken und meine anfängliche Euphorie und

Motivation schwanden rapide. Nach einer Stunde war die Masse gut ausgehärtet und ich begann, die Stellen zu schleifen. Mit dem Schleifschwamm ging das prima und ich sah die Ergebnisse rasch. Nachdem ich die Stellen zunächst grob vorgeschliffen hatte, säuberte ich sie erneut mit Reiniger und einem Lappen, um zu prüfen, ob die Fläche eben genug war. Dummerweise befand sich die riesige Delle genau auf einer Kante im Seitenblech, was die gesamte Aktion erheblich erschwerte. Nach der ersten Schleifprozedur folgte eine zweite, diesmal mit der feineren Seite des Schleifschwamms.

Es war mühsam und ich schliff mir die Finger wund. Es war auch nicht sonderlich clever von mir, direkt am Eingang zu arbeiten, da mich an diesem Tag mindestens zehn Leute ansprachen, mir Tipps gaben, wie ich es besser hätte machen können und mir dann zuschauten, wie ich am Auto schleifte. Ich fühlte mich ein bisschen wie im Zoo im Freilaufgehege. Nachdem ich das Schleifen für beendet hielt, polierte ich die Stellen noch einmal akribisch ab und schaute von der Seite – mit den Augen nahe am Blech – entlang der Schleifstelle. Gleichzeitig hielt ich ein Lineal an die Fläche, um eine Lichtspaltprüfung durchzuführen. Dabei sah ich genau, wo sich noch winzige Unebenheiten verbargen. Es blieb mir nichts anderes übrig, als erneut eine Mischung anzurühren, eine dünne Schicht aufzutragen und wieder zu schleifen. Als es schließlich dunkel wurde, musste ich mich geschlagen geben. Ich fuhr nach Hause, da ich nichts mehr sehen konnte und meine Finger schmerzten. Ich schaute noch ein wenig TV und hoffte darauf, dass der nächste Tag erfolgreicher werden würde.

Folierung Kotflügel, Fahrertür (18.06.2023)

Natürlich hatte ich mir bereits im Vorfeld überlegt, meine Karre zu folieren. Eigentlich hatte ich das schon seit langer Zeit im Kopf, jedoch keinen vernünftigen Grund, etwas so Zeitaufwändiges zu tun. Da ich auf keinen Fall das Auto lackieren wollte, hatte ich nun allen Grund, es zu folieren. Ich hatte natürlich auch im Internet nach speziellen Autoklebefolien gesucht. Die Folien hatten im Schnitt zwischen 20 EUR und 40 EUR pro Meter gekostet. Die Folie im Baumarkt kostete hingegen um die 12 EUR für zwei Meter. Für welche hatte ich mich wohl entschieden? Natürlich hatte ich die Folie am Tag zuvor im Bauhaus besorgt.

Über die Farbe hatte ich intensiv nachgedacht. Zu Anfang träumte ich von einer kupferfarbenen Folie, da ich einen California in Weiß/Kupfer richtig schick fand. Als ich jedoch im Baumarkt vor dem Regal stand, gab es auch kupferfarbene Folie – allerdings nur in kleinen Rollen für rund 15 EUR. Diese Folie wäre vermutlich sehr schwierig zu verkleben gewesen, da sie einen metallischen Glanzeffekt hatte. Stattdessen sah ich bei den großen Rollen die Farben Rot, Schwarz, Weiß und Transparent. Sofort hatte ich den VW T1 Samba vor meinen Augen. Yes! That's it! Ich dachte mir, das wäre doch super cool, wenn es zweifarbig wäre: oben Silber und unten Rot. Also nahm ich einfach mal zwei Rollen mit. Am Sonntag war es relativ warm und ich war motiviert, meinen kleinen Lieblingsgegenstand zu verschönern. Ich begann mit dem Kotflügel der Fahrerseite, da es sich um eine kleine Fläche handelte, die sich gut für den Anfang eignete. Zuerst schnitt ich die Folie grob zu, da es unhandlich gewesen wäre, mit einer großen Rolle auf dem Schoß zu arbeiten. Damit die Folie später gut am Blech haftete, reinigte ich den Kotflügel gründlich mit Reiniger und wischte anschließend mit einem Lappen sauber.

Danach überlegte ich, ob ich von oben nach unten oder lieber von links nach rechts arbeiten sollte. Schließlich entschied ich mich dafür, von oben nach unten zu folieren, da die Folie wegen der Erdanziehung herunterhing und ich sie so mit der linken Hand straff ziehen konnte, während ich mit der rechten Hand den Heißluftfön hielt. Ich fixierte also die Folie am oberen Ende des Kotflügels, zog langsam ein kleines Stück der Abziehfolie ab und föhnte Stück für Stück die Oberfläche der Folie aus etwa 20 Zentimetern Abstand. Nachdem die Folie nach wenigen Sekunden heiß geworden war, schmiegte sie sich ans Blech und ich drückte mit dem Daumen die restlichen kleinen Luftblasen heraus, um die Folie an die Kontur des Kotflügels anzupassen. Der Kotflügel war im Verhältnis zu den großen Flächen der Tür im Eiltempo fertig. Ich arbeitete so lange, bis die Powerbank nach zwei Stunden leer war. Alles in allem war ich sehr zufrieden, hatte jedoch wieder einmal unterschätzt, was diese Aktion für ein enormer Zeitaufwand war. Einfach die Folie abziehen und wie einen Sticker aufkleben? Das lief nicht! Die Folie verzeiht einem nichts. Bei näherer Betrachtung sieht man leider den Unterschied zwischen einer professionellen Folierung und einer, die auf der Straße mit Baumarktfolie gemacht wurde. Egal – die Arbeit war super beruhigend und bereitete mir viel Spaß.

Freitagabend, Feierabend! Ich hatte mir vorgenommen, mit dem Auto zur Arbeit zu fahren, um nach Feierabend weiter zu folieren. Nun war die Seitenwand der Fahrerseite dran. Ich hatte meinen Campingstuhl in Position gebracht, die Kabeltrommel ausgerollt, den Heißluftföhn und die Klebefolie zurechtgelegt. Ich war schon ziemlich platt vom Arbeiten, aber ich hatte Ziele, die ich erreichen wollte. Einige Minuten verbrachte ich erst einmal damit, zu überlegen, wie ich die Klebefolie am sinnvollsten verwenden sollte. Das Manko war, dass die Klebefolie nur zwei Meter lang war, das Seitenteil des Bullis jedoch circa 2,54 Meter maß. Also bekam ich auf jeden Fall eine Stoßkante dort, wo die zweite Folie die restlichen grob 54 Zentimeter abdeckte. Egal, dachte ich, denn was wäre die Alternative gewesen? Im Internet eine Klebefolie bestellen, die lang genug wäre und darauf hoffen, dass es derselbe Rot-Farbton war? Neeee – dann hätte ich die ganze Fläche neu folieren müssen, inklusive der Tür und des Kotflügels. Ich entschied mich für die kostengünstige Baumarkt-Folien-Version. Ich rollte die Klebefolie nun ganz aus und fixierte sie mit Malerklebeband am Seitenteil, so dass die zwei Meter lange Seite genau an der Sicke entlanghing. Langsam zog ich die Rückseite immer ein Stück nach unten, sodass immer nur eine kleine Fläche zu bearbeiten war. Diese schmiegte ich dann mithilfe der Wärme des Heißluftföhns und meinen Fingern an das Blech. Die Zeit verstrich im Nu und als es langsam dunkel wurde, holte ich noch zusätzlich einen Lichtstrahler aus dem Keller, da ich unbedingt mit dem Teil fertig werden wollte. Übermüdet, aber zufrieden fuhr ich dann am späten Abend nach Hause. Am nächsten Tag begann ich am Vormittag damit, das restliche Stück weiter zu folieren. Dieses Mal allerdings auf der Straße vor dem Haus. Nachdem die Powerbank nach zwei Stunden wieder einmal leer war, beendete ich die Session, da es auch zu regnen begann. Das Projekt nahm so langsam Form an. Ich musste mich jedoch erst einmal ausruhen, da meine Finger schon wieder schmerzten und ich mich nicht mehr richtig konzentrieren konnte.

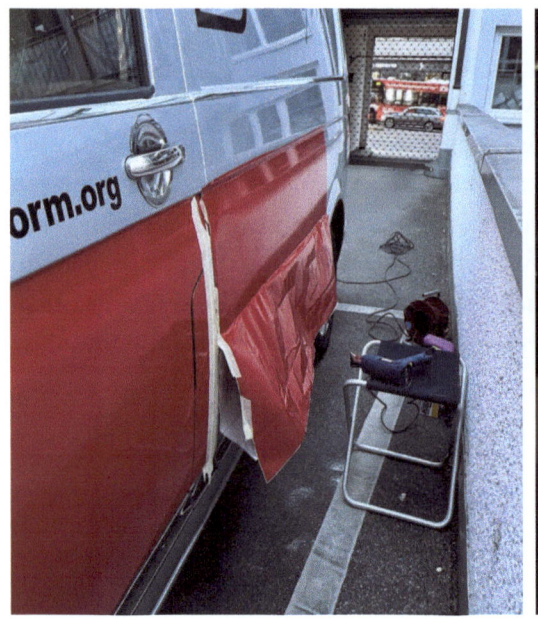 

Urlaub Österreich, Italien - Die Reise beginnt (29.07.2023)

Urlaub! Wir freuten uns sehr darauf und hatten schon Monate vorher geplant, nach Italien zu fahren – ein wunderschönes Land mit unglaublich vielen reizvollen Ecken, von denen wir einige gerne erkunden wollten. Franziska war bereits einige Male in Verona gewesen, da sie dort mit Freunden Urlaub gemacht hatte. Sie hatte mir oft davon erzählt, dass wir unbedingt auch mal nach Rom fahren sollten, da ich natürlich gerne das Kolosseum mit eigenen Augen sehen wollte. Ich war ebenfalls schon einmal mit Freunden und dem Wohnwagen meiner Eltern quer durch Italien gereist und hatte dabei einige wunderschöne Orte entdeckt. So schmiedeten wir einen Reiseplan. Das erste Ziel unserer gemeinsamen Reise war ein Wochenende in Vahrn, Österreich, auf dem Campingplatz am Löwenhof. Von Stuttgart aus war das etwa 400 Kilometer entfernt und ein idealer Start für unseren Urlaub. Vahrn ist ein kleiner Ort in Österreich, der zur Gemeinde Köflach im Bundesland Steiermark gehört. Immer wieder ein Traum diese Landschaften!

Die riesigen Berge, die Weite, die klare Luft – einfach wundervoll dort! Als wir ankamen, checkten wir kurz ein und parkten den Bus auf einer Parzelle neben zwei anderen Bullis. Der Campingplatz war relativ klein, bot aber einen guten Komfort. Direkt vor dem Campingplatz befand sich ein Vier-Sterne-Hotel, das sozusagen mit integriert war. Es verfügte über moderne sanitäre Anlagen, ein Schwimmbad und ein Restaurant. Da wir um halb vier schon alles erledigt hatten, weil wir nichts aufbauen mussten, nutzten wir den restlichen Tag, um wandern zu gehen. Bei traumhaft sonnigem Wetter wanderten wir am Gradnerbach entlang in Richtung Brixen. Der Gradnerbach ist ein Nebenbach der Kainach in der Steiermark und etwa sieben Kilometer lang. Als wir wieder auf den Campingplatz zurückkamen, aßen wir im Restaurant draußen unter freiem Himmel und ließen den Abend mit einem Cocktail für jeden ausklingen. Der erste Urlaubstag war ein Traum.

Die Reise geht weiter (30.07.2023)

Auf der Autostrada fuhren wir zu unserem zweiten Ziel, Camping Le Soline in Murlo, Italien. Der Campingplatz war ungefähr 500 Kilometer von Vahrn entfernt und wir genossen das unendlich weite Panorama auf der Autostrada zwischen Österreich und Italien. Uns war auch gleich aufgefallen, dass die Verkehrsteilnehmer auf den italienischen Straßen nicht so regelkonform waren, wie man es aus Deutschland gewohnt war. Ich musste mich deutlich mehr konzentrieren, da die Italiener häufig die Spur wechselten, ohne den Blinker zu benutzen, regelmäßig rechts überholten und im Allgemeinen etwas aggressiv fuhren. Meine beiden kleinen USB-Ventilatoren liefen auf Hochtouren und die Lüftung war auf volle Düse geschaltet, da sich das Auto durch die Sonne auf lockere 40 Grad Celsius aufgeheizt hatte. In ganz Italien durfte man nur höchstens 130 km/h fahren, was wir als recht angenehm empfanden, da ich zum einen eher selten bis nie schneller fahre und zum anderen es auch wenig bis keine Rennfahrer auf der Straße gab, wie wir sie aus unserem Land kannten. Wir verließen Südtirol mit Blick auf die autonome Region Trentino in Italien. Die Fahrt auf der Autostrada del Brennero in Richtung Gardasee war sehr angenehm und bot wieder mal einen unglaublich schönen Ausblick auf die Etsch (ital. Adige) und die Voralpen.

Wir fuhren knapp am Gardasee (ital. Lago di Garda) vorbei, aber leider sahen wir den See nicht, da dort noch einige Ausläufer der Voralpen, wie der Monte Baldo, sich bis dahin erstreckten. An Bologna vorbei ging es immer weiter südlich auf der Autostrada del Sole A1 in Richtung Florenz. Nach gemütlichen sieben Stunden Autofahrt kamen wir auf dem Campingplatz Le Soline in der Region Toskana an. Der Ort war ein kleines Dörfchen mit niedlichen Häuschen und sehr engen Straßen. Die Toskana war ganz anders als der Norden Italiens. Die Region ist bekannt für ihre hügeligen Landschaften, Olivenhaine, Weinberge, Zypressenalleen und bot uns atemberaubende Ausblicke von unserer Parzelle aus. Der Campingplatz lag auf einem steilen Hang, in dem die Parzellen als Terrassen eingeebnet worden waren. Am Eingang befand sich auch ein kleines Freibad, das von der Gemeinde betrieben wurde und recht gut besucht war. Angemeldet hatte uns wieder Franziska, auf Italienisch – versteht sich, denn sie besucht seit Jahren einen Italienischkurs und konnte sich sehr gut verständigen. Ich hingegen verstand nur einige Worte wie: "Mi scusi, per favore" oder "una pizza grande e birra grande, per favore!"

Wir genossen den Nachmittag im Freibad und den Abend an der Bar. Mein Lieblingsbier aus Italien war Peroni, das einen eher leichten Biergeschmack hatte und bei der Hitze erfrischend war. Wieder hatten wir geplant, nichts aufzubauen, außer den Tisch und die Stühle, da wir am nächsten Tag wieder früh losfahren wollten, um vormittags mit der Fähre rüber zur Insel Elba zu fahren.

Die erste Fahrt mit einer Fähre (31.07.2023)

Es war halb sieben Uhr morgens und ich war schon total aufgeregt, denn in ein paar Stunden würden wir mit der Fähre fahren. Ich war noch nie mit meinem Auto in ein Schiff hineingefahren. Das Ziel war der Hafen von Piombino, nur lockere 130 Kilometer entfernt. Die Reise auf der Strada Statale 223 verlief gemütlich, da wir viel Zeit eingeplant hatten. Piombino war eine charmante Küstenstadt in der italienischen Region Toskana, in der Provinz Livorno. Sie liegt an der Tyrrhenischen Küste, direkt gegenüber der Insel Elba und hat eine lange Geschichte, die bis in die Etruskerzeit zurückreicht. Wir hielten kurz vor dem Hafen an.

Besonders blieb mir im Kopf, dass es dort viele Kreisverkehre gibt. Als der Hafen in Sichtweite war, steuerte ich auf eine der Schranken zu, hielt davor an und wir fragten einen Hafenarbeiter, wie wir zum Pier kämen. Franziska zeigte kurz unsere Karten und fragte noch einmal auf Italienisch. Die Antwort war simpel: „Geradeaus bis zum großen Parkplatz." Ich fuhr also bis zum großen Parkplatz vor, der jedoch überraschend leer war – ungewöhnlich leer für einen Hafen. Mhh, okay! Wir waren einfach zwei Stunden zu früh da und die Fähren fuhren nur wenige Male am Tag. Es war auch noch kein großer Dampfer zu sehen, also beschlossen wir zunächst, zu parken und uns im Hafengebäude umzusehen, um sicherzugehen, dass wir richtig waren. Die

Shoppingmall war sehr überschaubar. Nachdem wir uns erneut über die Richtigkeit der Anlegestelle informiert hatten, konnten wir erst einmal durchatmen und das Panorama genießen.

Ein einziger silberner Transporter stand auf dem riesigen Hafengeländä. Nach etwa einer Stunde wurde es dann langsam voller und wir begaben uns zurück zu unserem Auto. Dort angekommen, sahen wir schon das Personal zur Einweisung. Wir zeigten unsere Tickets und bekamen einen Aufkleber, der auf meiner Windschutzscheibe angebracht wurde. Nun wurde ich richtig nervös. Wir standen bereits in der ersten Reihe, da wir ja als Erste dort gewesen waren. Jetzt machte sich eine gewisse Hektik breit, obwohl noch kein Schiff zu sehen war. Um 11:10 Uhr kam die Fähre endlich und legte an. Gleichzeitig bekamen wir die Anweisung, dass einer von uns zu Fuß an Bord gehen sollte, während der andere das Auto hineinfuhr. Die riesigen Schotten öffneten sich und die ersten Autos fuhren aus dem Bauch des Schiffs heraus. Gleichzeitig stiegen die Passagiere über eine Gangway von der Seite der Fähre aus. Als das letzte Auto herausfuhr, bekam ich ein Zeichen von einem Einweiser. Franziska machte sich auf den Weg zur Gangway, während ich das Auto mit Schrittgeschwindigkeit ins Schiff bugsierte. Übervorsichtig fuhr ich mit fünf km/h durch das Schiff bis zum Heck. Dort standen wieder Einweiser, die mir lautstark zuriefen: „Continuare!" Mit Handzeichen signalisierten sie mir, dass ich wenden und bis ganz nach vorne fahren sollte. Ich musste den Rückwärtsgang einlegen, da der Wendekreis meines Autos recht groß war. Es war ziemlich stressig und ich war froh, schließlich wieder in der ersten Reihe zu stehen. Die Fähre war so groß, dass es zwei Parkdecks gab. Sobald das untere Deck voll war, hob sich die Zufahrtsrampe und dockte ans zweite Deck an. Plötzlich klopfte jemand an meine Scheibe: „Uscita!", sagte der Einweiser. Ich stieg aus, schloss das Auto ab und ging über eine Wendeltreppe nach oben. Recht schnell fand ich Franziska, die schon am Fenster saß. Die Überfahrt zur Insel Elba war wunderschön. Nach etwa einer Stunde kam eine Durchsage: „Dear passengers, all drivers get back to the cars, please." Meine Nervosität stieg erneut erheblich. Ich ging zurück zur Treppe, nahm aber vor lauter Aufregung die falsche. Da nun Hunderte von Menschen zurück zu ihren Autos gingen, waren die schmalen Treppen voll und ich verlor die Orientierung. Vor lauter Panik begann ich, schneller zu gehen, bis ich schließlich durch das obere Parkdeck rannte.

Doch wo war mein Auto? Das konnte doch nicht sein! Ich hätte genau denselben Weg zurückgehen sollen, statt einfach irgendeine Treppe zu nehmen. Schweißgebadet rannte ich fast schon planlos herum. Eine weitere Durchsage ertönte: „All drivers, get back to your cars, please!" Da fiel es mir wieder ein: Ich hatte ja ganz unten geparkt. Die Treppe die ich genommen hatte, führte nur ins obere Parkdeck. Also ging ich zurück, kämpfte mich durch die Menschenmenge und suchte die richtige Treppe. Schließlich kam ich beim unteren Parkdeck an und sah meinen Bulli. Was für eine Aufregung! Alles war wieder im Grünen. Entspannt setzte ich mich hinter das Steuer und wartete, bis sich die Schotten öffneten. Buongiorno Portoferraio!

Isola d´Elba (01.08.2023)

Mit einer Fläche von rund 224 Quadratkilometern ist Elba nach Sizilien und Sardinien die drittgrößte Insel in Italien. Sie liegt im Tyrrhenischen Meer und ist vor allem für ihre wunderschönen Strände, kristallklares Wasser, eine bergige Landschaft und ihre historische Bedeutung bekannt. Auf Elba lebte von 1814 bis 1815 Napoleon Bonaparte. Die Hauptstadt Portoferraio mit ihrer historischen Altstadt, Festungen, Hafen und schönen Gassen gefiel uns ganz besonders.Unser Ziel war ein wunderschönes, rosafarbenes Drei-Sterne-Hotel namens Villa Rosa, das an der Straße

Via Barbarossa kurz hinter Porto Azzurro lag. Wir mussten nur den Schildern in Richtung Porto Azzurro folgen, immer entlang der Strada Provinciale 26. Die Straße hatte es in sich! Zum Teil gab es riesige Löcher, sodass ich ständig auf der Hut sein musste und sie war sehr eng, wodurch das Überholen von Radfahrern gefährlich war. Uns fiel auf, dass es auf der Insel keine Bürgersteige oder Wege neben den Straßen gab, die die Städte und Dörfer verbanden. Nach etwa einer halben Stunde fuhren wir durch die Hafenstadt Porto Azzurro, ein kleiner überschaubarer Ort mit rund 3.600 Einwohnern der etwa 15 Kilometer südöstlich lag.

Unser Hotel lag nur wenige Autominuten hinter dem Ort und bot uns vier Nächte lang eine etwas luxuriösen Aufenthalt mit sehr klassischen italienischen Frühstück (Kuchen und Kekse) an. unter Palmen im traumhaft angelegten Vorgarten, genossen wir die Ruhe. Drei Gehminuten entfernt lag ein mittelgroßer Kieselstrand mit Restaurants und Bars. Während unseres Aufenthalts auf Elba erkundeten wir einige Städte wie Capoliveri, einen malerischen kleinen Ort mit vielen engen Gassen und traumhaften Ausblicken auf das Meer. Jeden Abend gingen wir an der Küste spazieren, flanierten entlang der Häfen, beobachteten die riesigen Luxusyachten, besuchten Restaurants oder entspannten im Hotelpool und genossen ein wenig Luxus mit Cocktails. Unmittelbar neben unser Hotel waren zwei Campingplätze. Auf denen Standen Wohnmobile, die so groß waren wie Reisebusse. Dann hieß es Abschied nehmen von der Insel. Zurück nach Portoferraio kurvten wir erneut um den Hafen, der allerdings deutlich kleiner war. Unter den Frühaufstehern befanden sich diesmal ein Pärchen aus der Schweiz mit einem T6 Bulli und eine Familie aus Österreich, ebenfalls mit einem T6 Bulli, die – genauso wie wir – eine Stunde zu früh am Pier standen. Wir vertrieben uns die Zeit damit, etwas über das Hafengelände zu schlendern und uns nochmal darüber zu informieren, ob wir hier richtig waren.

Die Überfahrt war nun schon fast Routine geworden. Ich fuhr das Autos ins Schiff hinein, parkte dort, wo es mir die Einweiser befahlen und genoss die Fahrt zurück auf das Festland. Das war mega schön, die Landschaft der Insel zog noch einmal an uns vorbei und wir beobachteten, wie die Wellen gegen die Klippen preschten.

Rom (04.08.2023)

Das nächste Ziel unseres Sommerurlaubs hieß Bracciano in der Region Latium, einer Provinz etwa 40 Kilometer vor Rom. Wir hatten gut 230 Kilometer von Piombino aus zu fahren und genossen dabei herrliches Wetter. Wir freuten uns darauf, mit dem Auto noch mehr von Italien zu sehen und folgten immer der E80 in Richtung Rom. Die Landschaft veränderte sich, je südlicher wir kamen. Zerklüftete Felsküsten, typisch mediterranes Buschwerk, Olivenhaine, Pinienwälder und Weinberge dominierten zunächst die Umgebung. Je weiter wir fuhren, desto trockener wurde die Landschaft. Auf den weiten Feldern standen Zypressenbäume, die schließlich von See- und Berglandschaften mit Burgen abgelöst wurden. Unser Campingplatz, Villaggio Porticciolo di Bracciano, lag direkt am gleichnamigen See, dem Lago di Bracciano. Nach einer zweistündigen Autofahrt waren wir bereit, das Auto auf unserem zugewiesenen Platz zu manövrieren, das Campingequipment auszuladen und das Heckzelt aufzubauen. Nachdem wir uns häuslich eingerichtet hatten, gingen wir noch spazieren, um das neue Terrain zu erkunden. Der Campingplatz war recht groß, lag mitten im Wald und besaß überwiegend Sandwege und wenig geteerte Straßen. Die sanitären Anlagen waren eher dürftig eingerichtet und boten wenig entspannte Atmosphäre. Direkt am Strand des Campingplatzes gab es ein Restaurant und einen Mini-Markt, bei dem wir das nötigste einkaufen konnten. Das Restaurant bot ganz klassisch Pizza an, die schmeckte ganz gut und der Ausblick auf den See war überwältigend.

Die gesamte Region war ein großes Naturschutzgebiet, weshalb wir leider nicht wie erhofft am See entlanglaufen konnten. Auch nach Bracciano zu Fuß zu gehen war keine Option, da es in dieser Region keine Wanderwege oder Bürgersteige entlang der Straßen gibt und es uns zu gefährlich erschien, direkt an der Straße zu laufen. Daher entschieden wir uns, das Heckzelt abzubauen und mit dem Auto in die Stadt zu fahren. Die kleine Stadt war sehr überschaubar und zum Teil leider recht heruntergekommen. Die Altstadt beeindruckte jedoch mit ihren engen, verwinkelten Gassen, schönen historischen Kirchen und Gebäuden aus dem Mittelalter und der Renaissance. Das imposante Schloss Castello Orsini-Odescalchi, eines der Wahrzeichen von Bracciano, stammte aus dem 15. Jahrhundert. Der Bahnhof der Stadt lag zentral und direkt daneben befand sich ein Parkplatz, auf dem wir unser Auto problemlos abstellen konnten. Das war ein großer Vorteil, denn so konnten wir das erste Mal direkt mit dem Zug nach Rom fahren. Wir wollten die riesige Stadt nicht mit dem Auto erkunden, zumal wir auch Angst vor Vandalismus hatten. Zurück auf dem Campingplatz ließen wir den Abend am See ausklingen und tranken einen guten Wein am Zelt mit Blick auf den Lago. Dann fing es wie aus Eimern an zu regnen und wir verbrachten den restlichen Abend im Auto, lasen unsere Bücher und hörten zu, wie der Regen auf das Dach prasselte. Rom war so schön und groß, dass wir am nächsten Tag noch einmal hinfuhren – natürlich auch, weil wir Tickets für den Vatikan und das Kolosseum hatten.

Nachdem wir das Auto gepackt hatten, liefen wir zum Bahnhof und kauften zwei Tickets nach Rom. Die Zugfahrt dauerte eine gute Stunde, bis wir an der Haltestelle Valle Aurelia ankamen. Diese lag direkt neben dem Vatikan und so liefen wir als Erstes zur Piazza di San Pietro. Dort stießen wir, wie erwartet, auf Tausende von Touristen, die sich in einer riesigen Warteschlange entlang der halbrund angeordneten Säulen des Vorplatzes aufstellten, um in die Basilica di San Pietro zu gelangen. Ich hatte selten so viele Menschen auf einem Haufen gesehen – und wir mittendrin. Doch das war nur ein Vorgeschmack auf das, was uns danach erwartete. Wir gingen um die halbe Anlage herum zu einem Touristenbüro, um Tickets für den Vatikan zu kaufen. Der Vatikanstaat ist der kleinste unabhängige Staat der Welt, sowohl flächenmäßig mit 44 Hektar als auch hinsichtlich der Bevölkerung mit etwa 800 Einwohnern. Er liegt mitten in Rom und ist der Sitz des Papstes sowie das Zentrum der katholischen Kirche.

Der Kauf der Tickets dort erwies sich als äußerst sinnvoll, da wir mit zwei Museumsangestellten und einigen anderen Touristen in wenigen Minuten durch die Kontrollen kamen. So ersparten wir uns das stundenlange Anstehen in der prallen Sonne bei über 35 Grad. Der Vatikan hatte im Jahr 2023 etwa sieben Millionen Besucher und wir waren mitten in der Hauptreisezeit, in der monatlich zwischen 600.000 und 700.000 Besucher gezählt wurden. Obwohl es unfassbar voll war, entschieden wir uns, dennoch hineinzugehen. Drinnen wurde uns das Ausmaß der Besucherströme erst richtig bewusst. Es war so überfüllt, dass wir uns kaum frei bewegen konnten, sondern gezwungen waren, mit dem Strom der Menschen entlang zur Sixtinischen Kapelle zu gehen. Die Kapelle war ein Meisterwerk der Renaissance-

Kunst. Sie wurde zwischen 1473 und 1481 unter Papst Sixtus IV. erbaut, nach dem sie auch benannt ist. Die berühmte Decke, gestaltet von Michelangelo zwischen 1508 und 1512, zeigt Szenen aus der Genesis, darunter die berühmte „Erschaffung Adams". Die rechteckige Kapelle misst etwa 40 mal 15 Meter bei einer Höhe von rund 20 Metern.

Allein an diesem Tag hielten sich schätzungsweise 2.500 bis 2.700 Besucher pro Stunde in der Kapelle auf. Es war so voll, dass man außer der Decke kaum etwas wahrnehmen konnte. Daher empfehle ich jedem, den Vatikan im Winter zu besuchen, am besten an einem Dienstag am Nachmittag. Nach diesem aufregenden Erlebnis spazierten wir in Richtung Forum Romanum. Unterwegs kamen wir zum Piazza Navona, einem wunderschönen Platz, der auf den Überresten eines antiken Stadions errichtet wurde, das im Jahr 86 nach Christus für sportliche Wettkämpfe gebaut wurde. Seine längliche Form ist noch heute erkennbar. Weiter ging es vorbei am Tiber und dem Castel Sant'Angelo zu einer Hop-on Hop-off Bustour durch die Innenstadt. Als wir mit dem Bus durch das Forum Romanum fuhren, waren wir begeistert von den Ruinen der ewigen Stadt.

Dieses historische Zentrum des Römischen Reiches erstreckte sich über etwa 250 mal 170 Meter und war vor rund 2.000 Jahren das Herzstück der römischen Zivilisation. Schließlich erreichten wir das bekannteste Bauwerk Roms: das Kolosseum. Es wurde zwischen 72 und 80 nach Christus unter den Kaisern Vespasian und Titus erbaut. Ursprünglich als Amphitheatrum Flavium bekannt, erhielt es seinen heutigen Namen von einer Kolossalstatue Kaiser Neros, die einst in der Nähe stand. Mit vorab im Internet gekauften Tickets konnten wir ohne lange Wartezeit durch einen Nebeneingang ins Gebäude. Das Kolosseum beeindruckte uns mit seiner gewaltigen Architektur, doch aufgrund der Hitze und der Menschenmassen verließen wir es nach etwa 45 Minuten. Am Abend kehrten wir zum Bahnhof zurück. Addio Roma! È stato bello con te.

Verona 08.08.2023

Wir fuhren weiter nach Verona, dem letzten Ziel unserer Reise durch Italien. Um neun Uhr waren wir bereit zur Abfahrt. Das Heckzelt war abgebaut, alle Sachen verstaut und ein letzter Blick nach hinten stellte sicher, dass nichts vergessen wurde. Ich steckte den Schlüssel ins Schloss, trat die Kupplung und drehte den Schlüssel um. Brumm, brumm – ein Geräusch, das immer wieder schön zu hören war. Eine lange Fahrt lag vor uns: die Strecke von Bracciano bis Verona betrug etwa 500 Kilometer. Die Fahrt verlief reibungslos, abgesehen von der Hitze und der Tatsache, dass wir keine Klimaanlage hatten. Zuerst fuhren wir auf die Autostrada del Sole (E45) in Richtung Florenz, dann weiter nach Bologna, bis wir schließlich die Schilder nach Verona erblickten. Unser Ziel war Oro Verde Verona, ein kleiner, idyllischer Campingplatz. Dort gab es eine Weinmanufaktur, die Bio-Wein, Olivenöl, Honig und Marmelade herstellte. Das Gebäude war modern und hatte große Fenster, durch die man in die

Produktionsräume sehen konnte. Nachdem wir unseren Stellplatz zugewiesen bekommen hatten, parkten wir den Bulli und fuhren mit dem Bus ins Stadtzentrum. Verona ist eine historische Stadt im Norden Italiens, in der Region Venetien. Sie liegt am Fluss Etsch, etwa 30 Kilometer östlich des Gardasees und hat rund 260.000 Einwohner. In den Sommermonaten wird die Stadt von etwa 3,5 bis 4 Millionen Touristen besucht.

Ihre Altstadt wurde im Jahr 2000 in die Liste des UNESCO-Weltkulturerbes aufgenommen. Mit etwa 2.000 Jahren Geschichte zählt Verona zu den ältesten Städten Italiens. Zu den bekanntesten Bauwerken gehören die Arena di Verona, die Piazza delle Erbe, die Ponte Pietra, das Castelvecchio und natürlich das Casa di Giulietta. Natürlich zog es uns direkt in die Altstadt, um ein Foto von dem berühmten Balkon aus „Romeo und Julia" zu machen. Als wir schließlich aus dem Bus stiegen und durch die Altstadt liefen, war ich überwältigt. Die Stadt war unfassbar schön und definitiv eine Reise wert. Als wir an der Casa di Giulietta ankamen, konnte ich kaum glauben, wie viele Menschen dort waren. Zu jeder Tageszeit war das Tor belagert.

Während unseres gesamten Aufenthalts war es unmöglich, ein Foto von dem Balkon zu machen, da ständig Menschen davorstanden. Andere Sehenswürdigkeiten konnten wir jedoch problemlos genießen. Die Arena im Herzen von Verona ist im Vergleich zum Kolosseum in Rom kleiner, aber dennoch wunderschön. Sie ist das drittgrößte römische Amphitheater nach dem Kolosseum in Rom und der Arena von Capua. Ursprünglich bot sie Platz für bis zu 30.000 Zuschauer. Heute können etwa 13.000 Gäste bei Veranstaltungen dort sitzen. Die Arena ist heute vor allem für Opernaufführungen bekannt, wird aber auch für Konzerte und kulturelle Events genutzt. Dank ihrer beeindruckenden Akustik, die auch ohne Mikrofone eine hervorragende Klangqualität bietet, ist sie eine beliebte Spielstätte. Im Laufe der Woche fuhren wir täglich in die Stadt und unternahmen viele schöne Dinge. Ein Highlight war die Fahrt mit der Seilbahn zum Castel San Pietro, wo wir in einem Restaurant saßen und die herrliche Aussicht auf Verona genossen. Es war ein wunderschöner Abschluss unseres Urlaubs – ein Erlebnis, das wohl für immer in Erinnerung bleiben wird.

Urlaub Sigmaringen (01.09.2023)

Es war wieder Zeit fürs Camping! Wir hatten große Lust und wollten einfach mal schnell übers Wochenende verreisen. Also dachten wir uns, dass wir uns einen schönen Campingplatz in der Nähe von Stuttgart suchen könnten. Da ich sehr auf Burgen und Schlösser stehe, schlug Franziska vor, nach Sigmaringen zu fahren. Der Campingplatz lag etwa 100 Kilometer südlich von Stuttgart entfernt, war recht klein, überschaubar und direkt an der Donau gelegen. Wir starteten direkt nach meinem Feierabend am Freitag um 17:00 Uhr und fuhren gemütlich über die B27 in Richtung Tübingen, dann weiter auf der B32 in Richtung Inzigkofen und schließlich über die B313 nach Sigmaringen. Total entspannt parkten wir mein Auto auf der Parzelle und liefen die Donau entlang in Richtung Innenstadt. Das Schloss war in seiner ganzen Pracht schon vom Campingplatz aus sichtbar und wurde bei Nacht wunderschön angestrahlt. Die Altstadt war beeindruckend, bot viele alte Fachwerkhäuser und enge Gassen, durch die wir lange schlendern konnten. Am Samstag besuchten wir das Schloss Sigmaringen, das ein beeindruckendes Wahrzeichen von Sigmaringen und Baden-Württemberg ist.

Im Mittelalter diente die Burg als Sitz der Grafen von Sigmaringen und später für den Fürsten von Hohenzollern-Sigmaringen. Ab dem 16. Jahrhundert wurde die Burg zu einem Schloss umgebaut und erweitert. Heute befindet sich das Schloss im Besitz der Fürstenfamilie Hohenzollern-Sigmaringen, die einen Teil des Gebäudes bewohnt. Ein großer Teil des Schlosses war jedoch für die Öffentlichkeit zugänglich und beherbergte ein Museum, das wirklich wunderschön war. Es gab riesige Zimmer mit beeindruckenden Gemälden an den Wänden, eine uralte Küche zwischen den Räumen, einen prunkvollen Rittersaal mit Gemälden und Wandteppichen, ein Waffenmuseum mit einer der größten privaten Waffensammlungen Europas und den Schlossgarten, der uns eine atemberaubende Aussicht auf Sigmaringen und die Donau bot. Auch das Campen bereitete uns viel Freude.

Der Platz bot uns eine großartige Aussicht und wir kochten wie gewohnt hinter dem Auto, aßen und tranken leckeren Wein aus der Region. Da wir nur zwei Nächte blieben, verzichteten wir darauf, das Zelt aufzubauen, weil wir außerdem feststellten, dass das Heckzelt für unsere Ansprüche nicht ausreichend war. Am Sonntag wanderten wir den ganzen Tag entlang der Donau in Richtung Inzigkofen und ließen die beeindruckende Schönheit der Region auf uns wirken. Gegen späten Nachmittag checkten wir aus und fuhren zurück nach Hause, legten allerdings noch einen Zwischenstopp beim Campus Galli ein. Dieses Dorf ist ein Nachbau einer Klosteranlage aus dem frühen Mittelalter, basierend auf dem berühmten St. Galler Klosterplan aus dem 9. Jahrhundert. Das Projekt hat sich zum Ziel gesetzt, die Welt des Mittelalters und die Handwerkskunst jener Zeit so authentisch wie möglich wieder aufleben zu lassen. Die Bauarbeiten auf dem Campus Galli begannen 2013 und sollen sich über mehrere Jahrzehnte erstrecken – ähnlich wie im Mittelalter selbst, als große Bauprojekte oft Generationen dauerten. Es war beeindruckend zu sehen, wie die Arbeiter in Kleidung jener Zeit mit Werkzeugen und Materialien aus der Umgebung ein ganzes Dorf erbauten. Es war ein wunderschöner Kurztrip an der Donau und Sigmaringen hinterließ bei uns viele tolle Eindrücke, besonders die Landschaft und das Schloss waren traumhaft.

Folierung Beifahrerseite (06.09.2023)

Weiter in der Umbauphase begann ich damit, die Beifahrerseite zu folieren. Ich hatte bereits einige Meter Klebefolie auf Vorrat gekauft, um mit meinem Projekt voranzukommen. Gemütlich setzte ich mich mit meinem Campinghocker vors Auto, um den Kotflügel zu folieren. Großzügig schnitt ich ein Stück der Klebefolie ab, fixierte es an der oberen Kante und föhnte Stück für Stück die Folie, um sie zentimeterweise mit den Fingern an das Blech zu schmiegen. Nach einer guten Stunde begann ich mit der Beifahrertür. Die Tür war zeitaufwendiger, da sie eine größere Fläche hatte. Doch ich merkte, dass ich schon eine gewisse Routine entwickelt hatte. Dadurch konnte ich auch dieses Stück mit Eifer und Motivation zügig abschließen, bevor ich meine Powerbank wieder aufladen musste. Am darauffolgenden Wochenende führte ich meine Arbeit fort und begann früh morgens um neun Uhr mit der Schiebetür. Der Ablauf war derselbe wie zuvor: Klebefolie zuschneiden, an der oberen Kante fixieren, föhnen und mit den Fingern andrücken. Am Abend hatte ich bereits Hornhaut an den Fingerkuppen. Ruckzuck war das Wochenende vorbei und ich wartete auf das nächste, um weitermachen zu können. Nun war der hintere Teil dran, der wirklich schwieriger war, vor allem wegen des Radkastens. Die Wölbung war deutlich anspruchsvoller, da die Klebefolie durch die Spannung nicht gut hielt und sich immer wieder löste, bis schließlich eine große Luftblase entstand. Ich föhnte und drückte die Folie mehrmals an, bis sie sich der Form anpasste. Mit der Beifahrerseite war ich deutlich zufriedener als mit der Fahrerseite, da ich inzwischen viel geschickter mit dem Föhn und der Klebefolie umging.

Am Dienstag nach der Arbeit war ich so motiviert, dass ich trotz Dunkelheit mein Auto in die Tiefgarage fuhr, um am vorderen Stoßfänger weiterzufolieren. Nach fast zwei Stunden musste ich jedoch aufhören, da es in der Tiefgarage keine Steckdosen gab und ich deshalb wieder mit der Powerbank arbeitete. Zusätzlich ging das Licht alle drei Minuten aus, sodass ich mit einer kleinen Tischleuchte arbeiten musste. Das war leider nicht optimal, da ich Licht von beiden Seiten benötigt hätte. Meine Hände und der Föhn warfen nämlich ständig Schatten auf die Klebefläche. Schließlich setzte ich die Arbeit draußen auf der Straße vor dem Haus fort. Insgesamt war ich allein mit der Beifahrerseite schon neun Tage beschäftigt gewesen. Für die Vorderseite hatte ich mir überlegt, den Stoßfänger so zu bekleben, dass er einem VW T1 ähnelt. Es war schon lange mein Lebenstraum, einen VW T1 zu besitzen und der Grill meines VW T5 erinnerte mich durch seine Form daran. Deshalb besorgte ich mir im Baumarkt eine silberne Klebefolie, die glücklicherweise der Farbe meines Bullis ähnelte. Als ich vor der Tür auf der Straße mit meiner Arbeit weitermachen wollte, überlegte ich zuerst, wie ich das am besten umsetzen könnte. Ich öffnete die Motorhaube, schraubte den Grill ab und legte die Folie über den Kühler, um zu sehen, wie es aussehen würde. Ich fand es sofort mega cool und in meiner Fantasie konnte ich bereits das fertige Ergebnis sehen. Also legte ich mit der "Klebe-Action" los! Das war so toll, weil ich mich voller Eifer in meine Arbeit stürzte und mit jeder Minute des Klebens meinem Traum, einen VW T1 zu besitzen, ein Stück näherkam. Zugegebenermaßen war das Bekleben des Stoßfängers sehr mühselig und nervig, da die Klebefolie nicht so gut haftete wie an den Karosserieteilen. Die Oberfläche der Stoßfänger war sehr rau und so ein Stoßfänger besteht aus thermoplastischen Kunststoffen, genauer gesagt aus Polypropylen oder einer Mischung aus Polypropylen und Elastomeren. Stoßfänger aus Polypropylen sind leicht, flexibel, können Stöße gut abfangen und sind leicht zu tauschen.

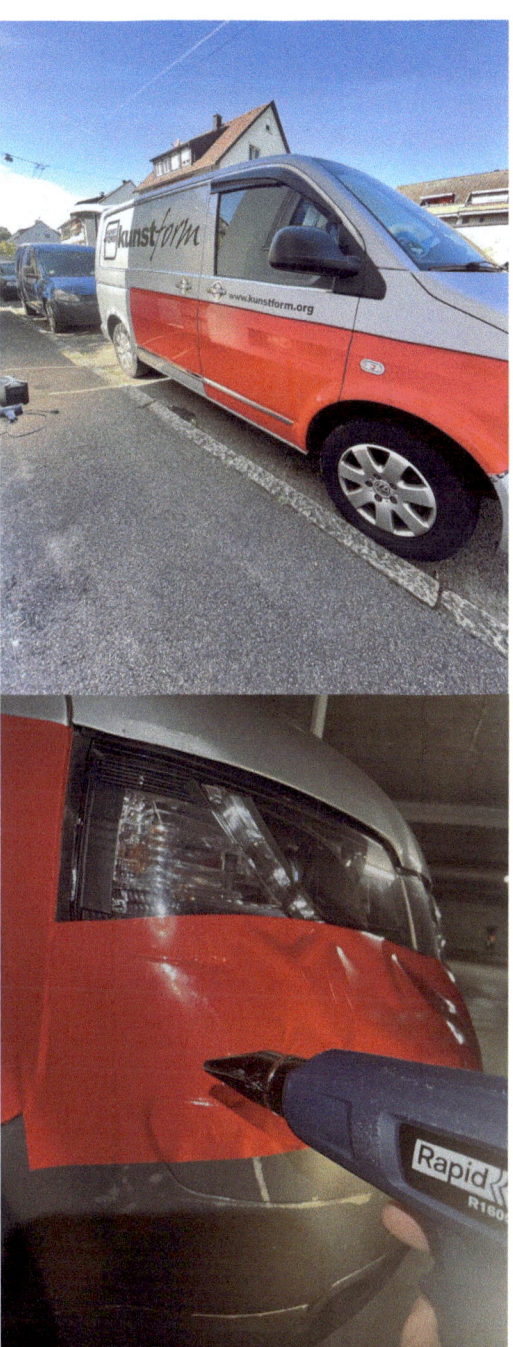

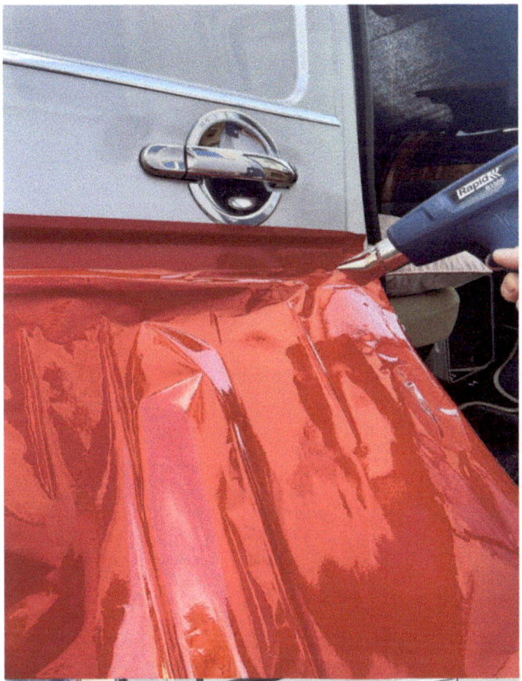
Rapid
kunstform
www.kunstform.org
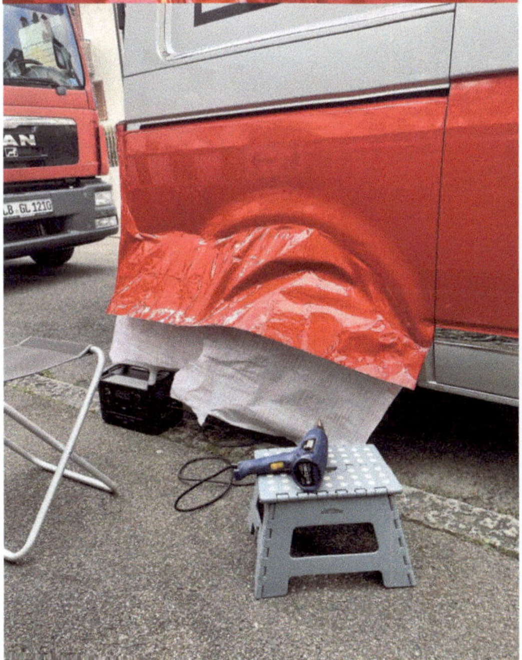
Rapid

Urlaub Titisee (29.09.2023)

Camping! Das letzte Mal in diesem Jahr wollten wir noch einmal in den Campingurlaub fahren. Unser Ziel war dieses Mal der Titisee im Schwarzwald. Ideal gelegen, da der Campingplatz nur rund 160 Kilometer von Stuttgart entfernt lag. Ich plante, Freitag und Montag frei zu nehmen, da am 3. Oktober ein Feiertag war. Am Donnerstag packten wir unsere Sachen und räumten das Auto ein. Ich ging morgens noch zur Arbeit und Franziska holte mich um 17:00 Uhr nach Feierabend von der Arbeit ab. So sparten wir Zeit, da ich nicht extra nach Hause musste. Vom kunstform BMX Shop aus fuhren wir zunächst Richtung Stuttgart-West, dann durch Böblingen. Über die A81 ging es weiter in Richtung Rottweil, an Donaueschingen vorbei und schließlich auf der B27 und B31 bis zum Titisee, zum Campingplatz Weiherhof. Der Ort war Natur pur. Der Titisee, ein wunderschöner Gletschersee im Schwarzwald, liegt auf etwa 845 Metern Höhe. Er ist überschaubar groß, etwa 1,8 Kilometer lang und bis zu 750 Meter breit. Nachdem wir eingecheckt hatten, suchten wir uns einen schönen Stellplatz aus. Natürlich waren die Plätze in der ersten Reihe am See bereits vergeben, diese waren aber auch kostenintensiver. In der zweiten Reihe hatten wir dennoch eine gute Sicht auf den See. Die Markierungsbegrenzungen waren, wie auf vielen Campingplätzen, mit kleinen Steinen versehen, auf denen die Nummern der Parzellen standen. Da es bereits leicht dunkel war, als wir ankamen, konnten wir nicht genau erkennen, wo die Parzelle begann und endete.

Schließlich stellten wir uns so hin, wie es uns sinnvoll erschien. Wie gewohnt holten wir die Sachen aus dem Auto und richteten uns ein. Wir ließen einen Kaffee durchlaufen und tranken diesen gemütlich am Ufer des Titisees. Anschließend begann ich mit dem Aufbau des Heckzeltes. Währenddessen musste ich jedoch schnell feststellen, dass ich die Heringe nicht in den Boden hämmern konnte, da der Campingplatz einen sehr harten Untergrund hatte. Mit meinem Gummihammer kam ich nicht weit. Ein freundlicher Nachbar beobachtete, wie ich leicht wütend und verzweifelt aufgab. Er kam auf mich zu und lieh mir einen Eisenhammer. Damit gelang es mir, stabile, rechtwinklige Heringe in den felsigen Boden zu schlagen. – Danke, lieber Nachbar!

Am nächsten Morgen frühstückten wir und stellten fest, dass wir auf zwei Parzellen standen, da ein paar Neuankömmlinge uns grimmig anschauten und uns schließlich darauf aufmerksam machen, dass wir genau in der Mitte von zwei Parzellen standen. Ich zog schwergängig die Heringe aus dem Boden, setzte mich ans Steuer und fuhr einfach zehn Meter nach vorn. Danach packte ich das Zelt gleich wieder ein, hatte keine Lust, wieder die Heringe in den Felsen zu schlagen. Nach dem Kaffee zogen wir uns um und begaben uns auf den Weg, um den Titisee herum nach Neustadt zu spazieren. Die Region ist bekannt für ihre dichten Wälder, idyllischen Dörfer, Schwarzwälder Kirschtorte und Kuckucksuhren. So genossen wir die Idylle der Landschaft. In der Stadt gab es viele Geschäfte mit Souvenirs aus der Region. Es wurden Kirschwasser, verschiedene Obstler, Schinken, Salami, Tannenzäpfle-Bier, traditionelle Kleidung wie Dirndl und Hüte sowie Kuckucksuhren angeboten. Einige der Uhren kosteten über 3.000 EUR. Ursprünglich stammt die Kuckucksuhr aus dem 18. Jahrhundert. Anfangs waren die Uhren schlicht, doch später kamen aufwendige Holzschnitzereien hinzu. Im 19. Jahrhundert wurden die Kuckucksuhren zu einem wichtigen Handelsgut und weltweit exportiert. Der charakteristische Kuckucksruf wird durch Pfeifen erzeugt, die mit kleinen Blasebälgen verbunden sind. Viele Uhren sind rein mechanisch und funktionieren mit Gewichten und einer Zugfeder. Die besten Kuckucksuhren werden bis heute in traditionellen Werkstätten im Schwarzwald handgefertigt. Das Gehäuse wird meist aus regionalem Holz wie Fichte oder Tanne gefertigt, die Verzierungen und Figuren sind oft handgeschnitzt. Seit 2020 gehört die Schwarzwälder Uhrmacherkunst zum immateriellen UNESCO-Weltkulturerbe. Am Abend ließen wir den Tag mit einem Glas Wein am See ausklingen. Am Dienstagmorgen bauten wir das Zelt ab, räumten alles ein und checkten aus. Bevor wir jedoch die Heimreise antraten, besuchten wir noch den Feldberg. Der Feldberg liegt im südlichen Schwarzwald, etwa 30 Kilometer östlich von Freiburg im Breisgau. Er ist das größte Skigebiet im Schwarzwald mit rund 63 Pistenkilometern und 26 Liften. Der Feldbergturm bietet eine beeindruckende 360 Grad Panoramasicht über die Umgebung. Nach einem herrlichen Wandertag fuhren wir am frühen Abend zurück nach Stuttgart.

Folierung Stoßfänger, Heckklappe (15.10.2023)

Nun ging es wieder weiter als "Klebebandartist". Meine Karre gefiel mir immer mehr und nach jeder Klebe-Session kam ich dem Ziel ein Stück näher. Langsam entwickelte sich in mir spürbar eine Art Übergangsstimmung. Man nennt es wohl Abschlussmelancholie – die Freude, etwas Großartiges erreicht zu haben, gepaart mit der bittersüßen Spannung zwischen Stolz und Vorfreude bis hin zur Traurigkeit über das nahende Ende. Ich nahm mir einen spitzen Schlitzschraubendreher zur Hand und clipste die Zierblenden aus dem Stoßfänger heraus, die sich links und rechts unterhalb der beiden Nebelscheinwerfer befanden. Die zwei Kunststoffteile hatten eine sehr schwierige Form, um sie zu bekleben – das war nur etwas für Fortgeschrittene.

Deshalb nahm ich die beiden Blenden mit nach oben, damit ich gemütlich und in Ruhe am Tisch arbeiten konnte. Wie ich sie am besten beklebte, fand ich leider erst heraus, nachdem ich schon solide zwei Stunden damit beschäftigt gewesen war. Ich musste sie einfach zweimal folieren.

Der gesamte Stoßfänger vorne war eine enorme Herausforderung, weil er durch so viele Rundungen, Schlitze und Kanten geformt wurde. Zusätzlich gab es relativ große Lufteinlässe, die dafür sorgten, dass meine Lüftung funktionierte. Die hatte ich aus Bequemlichkeit zuerst überklebt, dann stellte ich jedoch nach Wochen fest, dass durch die Fahrt kleine Steinchen von der Straße meinen kompletten Stoßfänger durchlöchert hatten. Danach musste ich fast alles noch einmal erneuern und gab mir bei den großen Lufteinlässen mehr Mühe. Dafür benötigte ich allein schon zwei Stunden, aber dafür konnte wenigstens wieder Luft hineinströmen. Knifflig war es außerdem, das Dreieck zu gestalten. Dafür brauchte ich ebenfalls zwei Anläufe. Erst wollte ich es geschwungen gestalten – so wie beim VW T1. Das ging natürlich schief, da die Motorhaube zu stark gewölbt war und es einfach nicht schön aussah. Also machte ich es mir einfach und zog gerade Kanten. Als ich schließlich den Grill wieder eingebaut und die Motorhaube geschlossen hatte, gefiel mir das Ergebnis recht gut und ich konnte zufrieden ins Bett gehen. Am darauffolgenden Wochenende war die Heckklappe dran. Bei der Heckklappe war es gut, dass es eine relativ große und ebene Fläche war – abgesehen von der Einbuchtung am Nummernschild.

Richtig praktisch war, dass die Breite der Klebefolie genau von der Oberkante der Kennzeichenbeleuchtung bis über die untere Kante reichte. Ich schnitt die Klebefolie zurecht und begann wieder von oben. Mit einem Gliedermaßstab maß ich die Höhe der Klebefolie an den Seiten, um zu ermitteln, auf welcher Höhe ich die Klebefolie oben ansetzen sollte. Anschließend betrachtete ich das Ganze aus einem größeren Abstand, indem ich das Auto von hinten und gleichzeitig von der Seite betrachtete. Der obere Teil war einfach, bis ich schließlich zum Nummernschild kam. Die Einbuchtung war so groß, dass sich die Klebefolie trotz Heißluftfön nicht an die Kontur anpasste und stattdessen leider aufriss. Da es Sonntag war, konnte ich keine neue Klebefolie kaufen. Ich entschloss mich schließlich dazu, damit weiterzumachen und schnitt die Klebefolie an dieser Stelle bis unten auf. Nun hatte ich quasi zwei große rechteckige Stücke zu folieren, die beide schließlich vertikal in der Mitte der

Heckklappe aufeinanderstießen. Es vergingen wieder mehrere Stunden und die Arbeit bereitete mir mega viel Spaß. Leider war ich am Ende nicht so richtig glücklich damit, da man die Stoßkanten der Klebefolie in der Mitte recht schnell sehen konnte und diese im Laufe der Zeit durch den Schmutz sehr deutlich sichtbar wurden. Beim hinteren Stoßfänger gab es Bereiche, bei denen es super funktionierte zu folieren, aber auch einige, bei denen ich komplett verzweifelte und mehrfach Stücke der Klebefolie ausschneiden musste, um sie zu verarbeiten. Dazu kam, dass das Material total ungeeignet war, um es zu folieren. Das Endergebnis war leider nicht zufriedenstellend. Da musste ich irgendwann noch einmal ran.

CMT Messe Stuttgart (20.01.2024)

Die CMT (Caravan, Motor, Touristik), die weltweit größte Publikumsmesse für Tourismus und Freizeit, fand vom 13. bis 21. Januar auf der Messe Stuttgart statt. Über 1.600 Aussteller präsentierten sich in zehn Messehallen, darunter 120 Weltpremieren bei Freizeitfahrzeugen. Zu den Schwerpunkten zählten Reiseziele, Caravans, Reisemobile, Vanlife und Zubehör. Wir ließen uns von dem vielseitigen Angebot inspirieren. Es war völlig verrückt, weil so viele Menschen dort waren, dass man kaum in Ruhe etwas anschauen konnte. Nach einiger Zeit stießen wir in einer Halle auf riesige Monster-Wohnmobile. Eines der LKW-Wohnmobile war das teuerste auf der Messe und wir durften es nach einer Wartezeit in der langen Schlange am Eingang auch von innen besichtigen. Dieses Wohnmobil war der Concorde Centurion 1160 GSI

(2024), ein Luxusmodell im Segment der Reisemobile. Es basierte auf dem Mercedes-Benz Actros LKW und bot auf einer Länge von 11,73 Metern, einer Breite von 2,50 Metern und einer Höhe von 3,85 Metern eine luxuriöse Zweiraumwohnung. Es hatte sogar eine Garage für einen Kleinwagen. Mit einem Startpreis von rund 808.100 EUR (je nach Ausstattung bis zu 1 Million EUR) gehörte es zu den exklusivsten Wohnmobilen der Messe.

Das war nicht unsere Kragenweite, also schauten wir uns die für uns interessanten Fahrzeuge an – die VW-Busse. Natürlich gab es auch zahlreiche Aussteller, die sich auf den Ausbau von Vans als Campingfahrzeuge spezialisiert hatten. Volkswagen hatte ebenfalls einen Stand, der allerdings klein war und nur ein Fahrzeug zeigte: den damals neuen New California auf Basis des VW T7 als Studie. Dieses Konzeptfahrzeug sollte ein zukünftiges Serienmodell ankündigen und neue Technologien sowie Designs präsentieren.

Obwohl es cool war, überzeugte es uns nicht, da es optisch nicht mehr wie ein Bulli wirkte, keinen Handschalter hatte und zudem sehr kostenintensiv war. Das Basismodell (Beach) startete bei etwa 78.000 EUR und bot grundlegende Campingfunktionen wie ein manuelles Aufstelldach und eine Schlafmöglichkeit. Die Top-Ausstattungslinie "Ocean" mit Küchenzeile, Standheizung und weiteren Extras kostete bis zu 100.000 EUR. Weiter ging es zu Ausstellern, die sich auf den Ausbau von VW T6 als Camper spezialisiert hatten. Die meisten Modelle sahen von außen wie ein VW California aus, der wohl als Vorlage diente. Im Inneren unterschieden sie sich durch Details, die uns jedoch selten überzeugten. Viele waren aus Holzprofilen gefertigt, die uns optisch nicht zusagten. Manche wirkten wie eine IKEA Küche mit Matratze, andere erinnerten an Arztpraxen und wieder andere waren minimalistisch mit Euroboxen und Schwerlastauszügen im Heck. Zudem waren die Preise so hoch, dass sie für uns keinen Anreiz boten. Wir ließen uns weiter durch die Messe treiben und landeten schließlich am Stand von Roadsurfer. Die Firma wurde 2016 in München gegründet und entwickelte sich zu einem der führenden Anbieter für die Vermietung von Campervans. Ihre Fahrzeuge mit markantem Design und Stickerdekor sah man überall auf Campingplätzen und in Städten. Dort stand ein VW T6.1 California Coast, den wir betreten und von innen begutachten konnten. Wir zogen unsere Schuhe aus, kletterten auf die Sitze und testeten das Bett. Es war ein beeindruckendes Erlebnis, das durch den Preis von 70.000 EUR und das Schild „Verkauft" abgerundet wurde. Auf der Website von Roadsurfer informierten wir uns direkt über Mietpreise. Für eine Woche betrugen diese etwa 800 EUR, ohne Tankkosten. Mitgebuchte Vollkasko-Versicherung erhöhten die Kosten zusätzlich auf 1.100 EUR, aber ohne diese wäre ein Schadenfall riskant gewesen. Zum Abschluss kamen wir an den Stand der Knaus Tabbert AG, einem der führenden Hersteller von Wohnmobilen in Europa.

Die Firma, gegründet 1960 und mit Sitz in Jandelsbrunn in Bayern, stellte zahlreiche Fahrzeuge aus und belegte fast eine gesamte Messehalle. Besonders beeindruckend war der Knaus Tourer CUV, der auf dem VW T6.1 basierte und durch seine kompakte Bauweise und Vielseitigkeit auffiel. Er war in den zwei Grundrissen erhältlich: 500 MQ (mit Querbett und Stauraum) und 500 LT (mit Face-to-Face-Sitzgruppe), bot Platz für bis zu vier Personen und verfügte über eine Innenhöhe von 2,17 Meter bei geöffnetem Aufstelldach. Das war faszinierend, besonders, wie sich das Dach per Knopfdruck öffnete. Das Basismodell lag bei 66.990 EUR, die Vollausstattung bei etwa 95.000 EUR. Danach entschieden wir schließlich nach Hause zu fahren - mit der Bahn.

Einbau Bordbatterie (17.03.2024)

Ich hatte mir über Monate Gedanken gemacht, wie ich das mit dem Strom regeln sollte. In der Regel hatten die VW T5/T6 eine zweite Batterie, die sogenannte Bordbatterie, unter dem Fahrersitz verbaut. Allerdings war das nicht immer der Fall und variierte je nach Ausstattung des Fahrzeugs.

Bei meinem Bus war eine Standheizung verbaut, die mit der Bordbatterie betrieben wurde. Da diese defekt war, ging ich davon aus, dass meine Batterie einfach leer gewesen sein musste. Ich beschloss, zu prüfen, ob die Bordbatterie leer war, indem ich mein Batterieladegerät fürs Auto an der Bordbatterie anschloss. Dafür musste ich mir allerdings erst ein paar Videos bei YouTube anschauen, um herauszufinden, wie ich am klügsten an die Batterie herankam, ohne etwas kaputt zu machen und wie ich das Ladekabel richtig anschließen sollte, weil man da einiges falsch machen konnte. Zunächst musste ich den Fahrersitz komplett nach vorn schieben, um maximalen Platz zu haben, falls ich im schlimmsten Fall die Bordbatterie ausbauen musste. Nachdem der Sitz komplett vorgeschoben war, sah ich schon das Schmuckstück, versteckt unter dem Sitz. Die Bordbatterie war mit einer Gummihülle überzogen, damit sie vor Staub und Schmutz geschützt war und es nicht zu Störungen kam. Nachdem ich die Gummihülle abgenommen hatte, schloss ich das Ladegerät an. Wichtig war, zuerst das rote Kabel (+) an den Pluspol und das schwarze Kabel (-) an den Minuspol anzuklemmen, da es sonst zu einem Kurzschluss hätte kommen können.

Nachdem ich das Ladegerät angesteckt hatte, konnte ich den Netzstecker in die Powerbank einstecken. Mit großer Freude stellte ich fest, dass die Bordbatterie vollgeladen war. Nun konnte ich sie weiterhin nutzen, nur leider bedeutete das, dass die Standheizung einen anderen Defekt hatte. Da wir während der Fahrt in den Urlaub Strom benötigten, um den Minikühlschrank zu betreiben, suchte ich nach einer Stromquelle, die möglichst autark war. Wir hatten in der Regel einen Minikühlschrank mit an Bord, den ich günstig für rund 40 EUR bei eBay Kleinanzeigen gekauft hatte. Der war sehr gut geeignet, da er nur circa 30 mal 30 auf 20 Zentimeter groß war und daher auch während der Fahrt im Fußraum platziert werden konnte. Bislang betrieben wir den Minikühlschrank immer mit der Powerbank, aber nach ungefähr drei Stunden war der Akku leer. Über den Zigarettenanzünder konnten wir den Minikühlschrank leider nicht betreiben, da dort immer die USB-Buchse steckte, um die Handys zu laden.

Ich dachte mir, dass es doch cool wäre, ein Solarpanel auf dem Armaturenbrett zu haben, um während der Fahrt den Minikühlschrank zu betreiben. Also bestellte ich über Fritz Berger ein Solarpanel. Nachdem ich lange recherchiert hatte, welche Größe und Leistung ich benötigte, entschied ich mich für ein Modell für rund 120 EUR und hoffte, dass es funktionieren würde.

Als das Paket ankam, packte ich es aus und begutachtete es. Es war schon irgendwie cool. Ich platzierte es auf dem Armaturenbrett und schloss die Powerbank an. Leider musste ich feststellen, dass es zu groß und sperrig war, um es dort langfristig zu platzieren. Außerdem spiegelte es in der Windschutzscheibe. Zudem bekam die Powerbank keinen Strom, da mein Auto im Schatten stand. Mhh, wieder ein Fail! Ich nahm das Solarpanel und die Powerbank mit rüber auf die andere Straßenseite und platzierte alles direkt in der Sonne. Voilà, es funktionierte! Nun war es mir zu schade, das Solarpanel zurückzuschicken, weil ich sicher war, dass ich es zu einem anderen Zeitpunkt nutzen konnte – zum Beispiel an der Heckscheibe oder auf dem Dach. Ich suchte jedoch nach einer besseren Lösung. Da fiel mir ein, dass ich die Bordbatterie mit einem Wechselrichter nutzen könnte, so wie es bei den meisten anderen Wohnmobilen gelöst war – ein sogenannter Sinus-Wechselrichter. Ein Sinus-Wechselrichter ist ein Gerät, das Gleichstrom (DC) aus einer Batterie oder einer anderen Gleichstromquelle in Wechselstrom (AC) umwandelt. Das Besondere an einem Sinus-Wechselrichter ist, dass er reinen Sinus-Wechselstrom erzeugt, der die gleiche Wellenform hat wie der Strom aus einer normalen Haushaltssteckdose. Dies ist wichtig, da viele empfindliche elektronische Geräte (Computer, Fernseher oder Haushaltsgeräte) auf eine saubere Sinuswelle angewiesen sind, um ordnungsgemäß und effizient zu funktionieren.

Das Gerät gab es in vier verschiedenen Leistungsstufen, von 300 Watt bis hin zu 1.500 Watt. Ich entschied mich für eine mit 500 Watt, da diese locker ausreichte, um den Minikühlschrank und LED-Lampen zu betreiben. Nachdem ich das Gerät erhalten hatte, schloss ich es bei der nächsten Gelegenheit an die Bordbatterie an. Ich ging dabei genauso vor wie beim Ladegerät. Da der Wechselrichter nicht lose im Auto herumliegen sollte, verschraubte ich ihn hinter dem Fahrersitz, da der Ort leicht zugänglich war und ich den Wechselrichter mithilfe eines Kippschalters bequem vom Sitz aus bedienen konnte. Voller Freude steckte ich zur Probe meine LED-Lampe an.

Super, sie funktionierte einwandfrei! Als Nächstes testete ich den Minikühlschrank. Tipptopp! Ich konnte sogar meinen Staubsauger anschließen – eine super Sache! Da ich keine Klimaanlage in meinem Auto hatte, stand nun ein Tower-Ventilator zwischen Fahrer- und Beifahrersitz, betrieben dank des Wechselrichters und der Bordbatterie. Danke, Nikola Tesla, für die Entwicklung des Wechselstromsystems!

Retro Classics Messe Stuttgart (28.04.2024)

Zufällig war ich bei YouTube auf ein Video gestoßen, in dem es um Oldtimer auf der Retro Classics Messe in Stuttgart ging. Das fand ich so toll, dass ich direkt im Internet nachrecherchierte. Die Retro Classics 2024 hatte vom 25. bis 28. April 2024 auf dem Messegelände Stuttgart stattgefunden. Als weltweit größte Messe für Fahrkultur präsentierte sie wertvolle und sehenswerte Raritäten aus allen Epochen der Automobilgeschichte. Ich war davon so angetan, dass ich mir kurzerhand ein Ticket gekauft hatte, da ich ja schon öfter am Flughafen auf einer Messe in Stuttgart gewesen war. Vor allem interessierten mich natürlich VW-Busse und ich hoffte darauf, dort einige davon mal in echt zu sehen. Klar, einen VW T3 sah man ja schon relativ oft, aber einen VW T1 hatte ich noch nie so richtig vor Augen gehabt, geschweige denn mal angefasst. Da ich an diesem Tag besonders sportlich unterwegs war, fuhr ich mit meinen Inlineskates von Stuttgart-Degerloch zur Messe. Dort angekommen, begab ich mich nach dem Scan des Tickets in eine Art Lobby, die sich zwischen zwei Hallen befand. Dort standen rund 20 Autos, die für mich eher uninteressant waren, wie Opel Manta und Co.

Doch dann, direkt in der ersten Halle, stand er schon – das Objekt meiner Begierde: ein VW T1 Transporter im originalen Erstlack in der Farbe Taubenblau (mit Patina), 34 Pferde aus 1,2 Litern Hubraum, geboren im Juli 1958. Dieser Traum auf Rädern war für 49.500 EUR zu haben. Ich stand mindestens eine halbe Stunde wie gelähmt vor dem Bus und betrachtete dann jeden Quadratzentimeter des Bullis. Einfach nur Wahnsinn! Zum Vergleich: Ein neuer VW T7 Transporter mit Grundausstattung und 110 PS kostete im Jahr 2025 bei mobile.de mindestens 30.900 EUR – nur mal am Rande erwähnt. Nachdem ich ein paar Bilder gemacht hatte, ging ich weiter. Unmittelbar daneben stand ein weiterer VW T1, diesmal jedoch vollrestauriert. Es handelte sich um einen VW T1 Transporter in Bi-Color, eine Art Weiß/Grün, mit stolzen 44 PS. Dieser schöne Bulli war im Januar 1964 erstmals zugelassen worden und hatte im Jahr 2022 ein Gutachten mit der Note 1 erhalten.

Sein Preis: bescheidene 79.990 EUR. Fun Fact: Er verfügte als Sonderausstattung über ein Radio! Für VW-Bus-Enthusiasten wie mich war es besonders spannend, weil man an den beiden Bussen direkt erkennen konnte, aus welchem Baujahr sie stammten. Volkswagen hatte nämlich zwischen 1950 und 1967 am VW T1 nahezu jedes Jahr etwas verändert. Ein gutes Beispiel dafür waren die sogenannten Warzenblinker – runde, leicht hervorstehende Blinker an der Front. Diese waren ab 1955 verbaut worden. Zuvor hatte der T1 lediglich Winker – ausklappbare Fahrtrichtungsanzeiger an den Seiten. Die Warzenblinker blieben bis Ende 1960 im Einsatz, danach wurden größere, rundliche Blinker verwendet. Während meines Rundgangs kamen mir etwa zehn VW T1, fünf VW T2 und drei VW T3 unter, von denen jeder einzelne es wert gewesen wäre, ausführlich beschrieben zu werden – aber das hebe ich mir wohl lieber für ein anderes Buch auf.

Auf der Messe waren insgesamt rund 2.000 Fahrzeuge in sechs Hallen und im Foyer ausgestellt. Besonders in Erinnerung geblieben waren mir die Stände von Mercedes-Benz, Porsche und Ferrari. Mercedes-Benz hatte fast eine komplette Halle für sich – auf 2.000 Quadratmetern Fläche. Porsche war mit der Firma Boxer Motor & Klassische Automobile GmbH vertreten, die seit 1997 eine der größten freien Werkstätten für Porsche Fahrzeuge in Deutschland ist. Leider waren auf deren Stand so viele Menschen unterwegs, dass ich kein einziges Foto ohne Besucher machen konnte. Von Donnerstag bis Sonntag hatten rund 70.000 Besucher die Messe besucht. Zum Abschluss spazierte ich über den Stand der Scuderia Sauer GmbH, die über 20 Ferrari Modelle präsentierte – einfach der Wahnsinn! Besonders faszinierend fand ich, dass es sich ausschließlich um Oldtimer handelte, deren Design aber noch so modern wirkte, dass sie auch Neuwagen hätten sein können. Die Preise dieser Fahrzeuge waren im Vergleich zu den VW-Bussen astronomisch hoch. So war ein Ferrari Testarossa mit 170.000 EUR eines der günstigsten Exponate. Nachdem ich meine Runde beendet hatte, machte ich mich voller Eindrücke auf den Heimweg. Was für eine Show! Ich kann sie nur jedem empfehlen, der sich auch nur ein wenig für Autos interessiert.

Urlaub Tittmoning, Burghausen (09.05.2024)

Das Wetter war schön, sonnig und warm, als wir morgens aufbrachen, um in den Urlaub nach Tittmoning zum Campingplatz Seebauer zu fahren. Die Strecke über die A8 war weitestgehend frei und so konnten wir entspannt mit 120 km/h über den Asphalt brettern. Nachdem wir Augsburg passiert hatten, fuhren wir nördlich an München vorbei auf die A94 in Richtung Mühldorf am Inn, bis wir schließlich auf die B299 in Richtung Salzburg abbogen. Nach rund vier Stunden und circa 350 Kilometern kamen wir an. Der Campingplatz Seebauer lag idyllisch am Leitgeringer See, nahe Tittmoning in Bayern. Der Platz verfügte über zahlreiche parzellierte Stellplätze, von denen 71 für Touristen reserviert waren. Der Campingplatz bot einen direkten Zugang zum See mit eigenem Badestrand und Liegewiese. Leider war es für uns zu kalt zum Baden, aber unser Stellplatz lag mit unmittelbarem Seeblick, sodass wir stattdessen den Ausblick genossen.

Direkt neben uns war eine Wiese, auf der Hühner lebten, die während unseres Aufenthalts frei herumliefen. Total toll! Camping im Streichelzoo – das genossen wir sehr, denn die Hähne und Hühner waren zahm und wirkten sehr beruhigend auf uns. Nachdem wir unser Lager aufgebaut hatten, genossen wir die Ruhe, lasen jeweils ein Buch und beobachteten die Tiere. Am nächsten Tag kamen weitere Camper, um ihren Urlaub dort zu verbringen. Unsere neuen Nachbarn reisten mit einem braunen VW T3 Westfalia Camper und einem seltenen VW T3 Karmann Gipsy Camper an. Sie quartierten sich bei einem älteren Ehepaar ein, das wohl die Großeltern gewesen sein musste, da die Familie ein gemeinsames Lager aufbaute. Im Laufe unseres Aufenthalts lernten wir indirekt auch andere Familien kennen – vor allem durch ihre Lautstärke.

Ein Kind wurde gefühlt 1.000 Mal gerufen: „Maaaarleeeene, Maaaarleeeene", von früh bis spät. Ich kam mir vor wie in einem Werner-Film (Werner – Beinhart, Kultfilm aus den 90ern). Zum Glück hatten wir in unserem Urlaub noch andere Pläne, als nur vor dem Auto zu sitzen. Franziska hatte sich für diesen Campingplatz entschieden, weil die Stadt Burghausen nicht weit entfernt war. Der Namensgeber der Stadt ist die Burg selbst. Die Burg Burghausen in Bayern ist die längste Burganlage der Welt mit einer Länge von etwa 1.050 Metern und gehört zu den beeindruckendsten historischen Bauwerken Deutschlands. Sie liegt auf einem schmalen Bergrücken zwischen dem Fluss Salzach und dem Wöhrsee, nahe der österreichischen Grenze. Während des

Mittelalters war die Burg ein bedeutender Schutzwall gegen Angriffe, da sie an einer wichtigen Handelsroute zwischen Bayern und Salzburg lag. Die Anlage besteht aus sechs Höfen, die durch mehrere Tore miteinander verbunden sind. Jeder Hof hatte spezifische Funktionen und Bauten. Darauf hatte ich mich besonders gefreut, denn ich liebe Burgen und Schlösser. Vom Campingplatz bis zur Burg waren es nur ungefähr 20 Kilometer – gute 15 Minuten mit dem Auto. Nachdem wir in der Stadt ankamen, suchten wir erst einmal die Einfahrt zur Burganlage. Selbst mit Navi checkten wir das zunächst nicht, aber nachdem wir das zweite Mal an der unscheinbaren Einfahrt vorbeigefahren waren, fanden wir die richtige Abzweigung. Das Auto konnten wir sogar kostenlos davor parken. Die Burganlage war wirklich wunderschön und falls wir dort mal wieder in der Nähe sein sollten, würde ich dort erneut spazieren gehen. Als wir mit der Besichtigung fertig waren, fuhren wir noch hinunter in die Stadt und aßen in einer bayerischen Wirtschaft mit Blick auf die Salzach.

Burghausen ist eine recht schöne Stadt mit etwa 19.000 Einwohnern auf circa 19 Quadratkilometern. Die Lage war ebenfalls idyllisch – direkt an der Salzach, von wo aus man nach Österreich blicken konnte. Am nächsten Tag überlegten wir, einen Wandertag einzulegen. In Tittmoning gab es ebenfalls eine Burg. Das Wetter war traumhaft, um durch die Natur zu wandern. Die Burg Tittmoning war vom Campingplatz nur ungefähr drei Kilometer entfernt, also praktisch um die Ecke. Die Strecke war wunderschön – wir spazierten durch Bauernhöfe, Felder und Wälder, bis wir schließlich über eine Zugbrücke den Burghof erreichten. Sie thronte über der Salzach und wurde um das Jahr 1234 durch die Salzburger Erzbischöfe als strategische Festung erbaut. Die Burg gefiel uns sehr, aber im Vergleich zur Burg Burghausen wirkte sie eher wie ein Bürglein. Nach der kurzen Burgbesichtigung wanderten wir weiter in die Altstadt von Tittmoning, schlenderten durch die Gassen und fanden schließlich einen schönen Italiener, wo wir leckere Pizza aßen.

Umbau Schrank V2 (25.05.2024)

Ich hatte mir vorgenommen, in meinem Urlaub einiges im Bulli zu verändern, damit wir angenehmer campen konnten. Lange überlegte ich, wie ich das am besten bauen sollte, damit das Aufbauen des Bettes nicht mehr so umständlich war und wir mehr Staumöglichkeiten hatten, ohne alles in Euroboxen packen zu müssen. Dann gab es noch das Problem, dass die Campingküche einfach zu viel Platz einnahm und wir in der Regel draußen kochten. Ich dachte, dass ich möglichst viele Materialien aus meinem alten Schrank verbauen könnte. So hatte ich die Idee, die Campingküche kleiner und kompakter zu gestalten. Am sinnvollsten fand ich den Plan, über die ganze Wand der Fahrerseite einen Schrank zu bauen, der Schiebetüren haben sollte. Türen mit Scharnieren wären in so einem engen Raum nur störend gewesen, denn wenn das Bett aufgebaut war, hätten wir sie nicht benutzen können. Das Konstrukt des Schranks hatte ich schnell durchdacht.

Natürlich fuhr ich wieder zu meinem Lieblingsbaumarkt und parkte wie immer im Freien. Als Erstes schraubte ich den alten Schrank heraus, stellte die Holzplatte an einen Pfeiler, holte die Campingküche heraus und stellte sie vors Auto, um sie als Werkbank zu nutzen. Danach organisierte ich mich erst einmal und legte die Werkzeuge ordentlich und griffbereit auf die Campingküche. Nun begann die eigentliche Arbeit. Ich besorgte mir drei Holzleisten und schnitt sie auf die richtige Länge. Diese Holzleisten verschraubte ich mit rechtwinkligen Winkeln am Boden – eine hinter dem Fahrersitz, die zweite circa 20 Zentimeter von der Heckklappe entfernt und die dritte genau in der Mitte der beiden anderen. Der Abstand zur Wand betrug etwa zehn Zentimeter und schloss bündig mit dem Radkasten ab. Ich fand es richtig cool, da der Schrank am Ende viel Platz zum Verstauen bot, selbst aber nicht viel Raum einnahm, weil die gesamte Wandfläche genutzt wurde. Nachdem die drei Holzleisten standen, fixierte ich mit Winkeln Regalbretter an der Wand und gleichzeitig an den drei Holzleisten.

So war der Schrank zunächst ein Regal, das recht stabil stand. Die Regalbretter schnitt ich mir aus den Brettern des alten Schranks zurecht. Ich überlegte mir, im Baumarkt Führungsschienen aus Holz zu kaufen. Dabei handelte es sich um Vierkantprofile – im Grunde ein Meter lange Holzstangen. Ich kaufte erst einmal vier Stück, um zu testen, ob meine Idee funktionierte. Zwei Sperrholzplatten vom alten Schrank hatte ich ebenfalls noch zum Recyceln. Um die Schiebetüren zu konstruieren, drückte ich eine Sperrholzplatte an den Radkasten und gleichzeitig an die mittlere Holzleiste, die ich als erstes eingebaut hatte. Dann hielt ich das Vierkantprofil davor, bohrte zwei Löcher im gleichen Abstand und senkte die Bohrungen mit einem Senkkopfbohrer an, damit die Schraubenköpfe später bündig abschlossen. Nun war die Sperrholzplatte im Grunde leicht eingeklemmt und brauchte nur noch eine ähnliche Führung oben, damit man sie nach rechts und links schieben konnte. Dafür fixierte ich die anderen Vierkantprofile etwa einen Meter über den am Boden verschraubten Profilen, vor der Sperrholzplatte an den drei Holzlatten, die als senkrechter Rahmen dienten. So war die Sperrholzplatte zwischen den beiden Vierkantprofilen in der Horizontalen und den drei Holzlatten in der Vertikalen eingeklemmt und konnte hin und her bewegt werden. Dann schnitt ich zwei weitere Sperrholzplatten auf die gleiche Länge zu und führte eine von oben hinter das obere Vierkantprofil ein.

Anschließend kaufte ich ein rechtwinkliges Aluprofil, das als Anschlag für die dritte Sperrholzplatte diente. Diese setzte ich in der Mitte vor die mittlere Holzlatte ein. Das Aluprofil fixierte ich oben auf dem oberen Vierkantprofil. Die beiden äußeren Platten überlappten mit der mittleren, sodass beim Hin- und Herschieben ein großzügiger Spalt entstand, um den Schrank zu befüllen. Vor dem offenen Bereich oberhalb des Schranks, der bis zur Decke reichte, befestigte ich Gepäcknetze. Diese konnte man durch vier Haken an den jeweiligen Enden öffnen, die ich mit Schrauben an den Holzlatten fixierte. So entstand zusätzlicher Stauraum für weitere Gegenstände. Nach getaner Arbeit fuhr ich nach Hause und überlegte schon mal, wie ich die Campingküche umbauen könnte.

Umbau Küche V2 (28.05.2024)

Neuer Tag, neues Glück! Nach dem Frühstück ging es wieder zum Spielzeugladen für Erwachsene – dem Bauhaus in Stuttgart-Möringen. Dieses Mal fuhr ich zur Probe in die Tiefgarage, denn es sollte an diesem Tag regnen und ich hoffte, dass dort nicht so viele Schaulustige mich bei der Arbeit beobachten würden. In der Nacht zuvor hatte ich darüber nachgedacht, etwas zu konstruieren, das zum einen als Rahmen zur Stabilisierung des Bettes dienen und zum anderen gleichzeitig als Staufach genutzt werden konnte, um die Küche dort unterzubringen. Wir hatten festgestellt, dass wir die Spüle absolut nie benutzten, da wir im Urlaub immer auf einem Campingplatz waren und dort das Geschirr spülten. Demzufolge benötigten wir auch die zwei Wassertanks nicht, was wiederum viel Platz sparte.

Ich hatte in einigen Videos bei YouTube Campervans gesehen, die einen Auszug an der Schiebetür hatten, den sie nach Belieben herauszogen, um dort zu kochen oder als Tisch nutzen konnten und anschließend wieder einschoben. So etwas stellte ich mir auch vor und ging mit meinem virtuellen Bauplan im Kopf die Treppe zum Baumarkt hoch. Ich kaufte zunächst vier Stück 10 millimeter starke Alu-Kastenprofile, 16 Winkel und eine Sperrholzplatte. Anschließend begann ich damit, die alte Campingküche auseinanderzubauen. Der Rahmen besaß an den vier vertikalen Alu-Profilen Klappscharniere, um ihn zusammenfalten zu können. Ich bohrte die Nieten aus und konnte so die Profile für die neue Küche weiterverwenden. Den Stoff behielt ich ebenfalls, da ich ihn noch nutzen wollte. Den Campingkocher und die Induktionskochplatte stellte ich zunächst auf die Spanplatte, um zu ermitteln, wie tief die neue Campingbox sein sollte.

Nachdem ich die Maße eingezeichnet hatte, schnitt ich mit meiner Akkustichsäge einige Zentimeter entlang der Markierung ab. Nun benötigte ich noch eine zweite Platte für den Boden der Campingbox. Nachdem ich die Maße übertragen hatte, schnitt ich auch dieses Stück aus der Sperrholzplatte heraus. Die Breite der alten Campingküche hatte mir gut gefallen, also übernahm ich sie. Die Rahmenteile der alten Campingküche bestanden aus zwei mal vier gleich langen Alu-Kastenprofilen – eine einfache, aber clevere Konstruktion. Ich ordnete zwei der kurzen Profile an den Stirnseiten an und vier der längeren an den Ecken. Die übrigen Kastenprofile aus der alten Campingküche setzte ich an den Längs- und Querseiten ein und verschraubte schließlich das Rahmenkonstrukt mit Metallschrauben. Nun hatte ich einen rechteckigen Kasten gebaut, an den ich als Boden und Deckel die beiden Sperrholzplatten anschraubte. Bevor ich sie befestigte, schnitt ich den Stoff der alten Campingküche zurecht und spannte ihn zwischen die Spanplatten und den Rahmen. Leider war es inzwischen Abend, also fuhr ich nach Hause. Am nächsten Tag ging es nach dem Frühstück wieder zum Bauhaus, um das Bettgestell zu bauen.

Der Plan war, die neue Küchenbox in einen Metallrahmen zu integrieren, der stabil genug war, um darauf zu sitzen, aber dennoch schnell aus dem Auto entfernt werden konnte. Die Alu-Kastenprofile, Schrauben und Winkel hatte ich ja bereits. Ich nahm das Maß der Breite meines alten Bettes und bestimmte die Tiefe sowie die Höhe der Küchenbox. Ich ließ etwas Spielraum, damit sie problemlos in den Bettrahmen eingeschoben werden konnte. Da ich keine Gehrungslehre hatte, um einen Gehrungsschnitt in 45 Grad zu sägen, versuchte ich, die Schnitte so gerade wie möglich freihand zu sägen. Ich legte die vier Alu-Kastenprofile zu einem Rechteck zusammen und verschraubte sie mit den Winkeln. Anschließend wiederholte ich den Vorgang ein zweites Mal und hatte somit bereits den Boden und die Decke des Bettrahmens. Im nächsten Schritt sägte ich die vier äußeren Alukastenprofile auf Maß, um sie an den vier Ecken des Bodens zu fixieren. Schließlich verschraubte ich den Deckel mit den übrigen Winkeln. Nun hatte ich einen quaderförmigen Kasten gebaut. Damit die Küchenbox leichtgängig in den Bettrahmen geschoben werden konnte, besorgte ich mir eine weitere Sperrholzplatte aus dem Baumarkt, schnitt sie mit meiner Akku-Stichsäge zurecht und verschraubte sie von innen am Boden.

Die alten Sperrholzplatten, die ich zuvor als Bettplatte verwendet hatte, passte ich noch etwas an und verschraubte sie oben auf den Bettrahmen. Der Clou war gewesen, dass es sich um zwei Sperrholzplatten handelte, die mit einem Scharnierband verbunden waren. So konnte ich sie entweder zusammengeklappt als Sitzfläche oder ausgeklappt als Bett nutzen. Um das Gestell im Auto sicher zu fixieren, bohrte ich drei senkrechte Löcher in den Rahmen. Mithilfe von drei speziellen Gewindestangen und der Airline-Schienen konnte ich das Gestell sicher im Bus befestigen. Glücklich und zufrieden fuhr ich nach Hause und genoss den Rest meines Urlaubs auf der Couch.

Fahrradträger, Zelt, Urlaub Konstanz (14.06.2024)

Wieder ging ich auf die Suche nach neuen Gadgets für meinen Bulli. Ich suchte schon eine ganze Weile nach einem Fahrradträger. Leider waren die originalen für den VW T5/6 mit ungefähr 1.000 EUR verdammt teuer. Es gab natürlich auch Alternativen von anderen Herstellern, die sehr ähnliche Modelle anboten. Grundsätzlich musste ich mir überlegen, ob ich einen haben wollte, der an der Heckklappe hing oder einen, der auf der Anhängerkupplung angebracht wurde. Mir gefiel vor allem der Fahrradträger, der an der Heckklappe fixiert wurde, weil ich ihn schöner fand und er beim originalen VW California so verbaut war. Bei dem anderen kam noch hinzu, dass man in der Regel ein zusätzliches Nummernschild benötigte und beim Einparken mehr Platz brauchte, da das Auto mindestens 50 Zentimeter länger wurde. Nun hatte ich wieder mal Glück und wurde bei eBay Kleinanzeigen fündig.

Jemand hatte einen inseriert, der passend für meinen VW T5 war. Es war wieder ein Top-Angebot: ein originaler Fiamma Carry Bike für 230 EUR. Dieser kostete neu fast 500 EUR. Nachdem ich kurz mit dem Verkäufer telefoniert hatte, fuhr ich am nächsten Tag direkt nach der Arbeit nach Owen bei Kirchheim unter Teck, um mir das Schmuckstück abzuholen. Nachdem ich das schöne Ding begutachtet hatte, kaufte ich es ihm ab. Da ich leider total ungeduldig war, versuchte ich, den Träger an Ort und Stelle zu montieren. Dummerweise war es schon dunkel und es regnete. Natürlich konnte ich mein Gleichgewicht nicht gut auf dem Tritt halten, während ich das klobige Ding hochhielt.

Beim Ausfallschritt knallte eine Kante der Haltevorrichtung auf meine Heckklappe und ritzte erst mal einen dicken Kratzer ins Blech. Danach fuhr ich etwas angeschlagen nach Hause und probierte es am nächsten Tag im Hellen noch einmal. Damit meine Heckklappe nicht noch mehr beschädigt wurde, klebte ich an den Stellen der Haltepunkte Isolierband auf das Blech der Kanten. Mega cool! Nun sah mein Van nach Urlaub aus und wir konnten endlich unsere neuen Fahrräder mit in den Urlaub nehmen. Yippy! Einige Tage später hatte ich wieder einen Jackpot bei eBay Kleinanzeigen entdeckt. Jemand inserierte ein Buszelt von der Firma Herzog. Das Zelt sah hammermäßig aus. Es war silber / rot, also mehr als perfekt passend zum Bulli. Normalerweise kostete so ein Zelt um die 500 EUR.

Wir fuhren einfach gleich hin, gleich hinter Tübingen, quasi um die Ecke. Nach einem kurzen Plausch und 165 EUR später war ich im Besitz eines neuwertigen Buszelts. Nun konnten wir direkt in den Urlaub fahren. Um die neuen Gadgets zu testen, buchten wir ein Wochenende auf dem Campingplatz Hegne bei Konstanz am Bodensee. Von Stuttgart aus war der Campingplatz ungefähr 170 Kilometer entfernt und in guten eineinhalb Stunden erreichbar. Da die Region am Bodensee so schön und die Entfernung von Stuttgart aus moderat war, waren wir schon öfter dort gewesen. Gerade für einen Wochenendtrip war es perfekt. Los ging es, wie meistens, von Stuttgart-Degerloch auf die B27 in Richtung A8 nach Karlsruhe, dann auf die A81 in Richtung Singen, bis wir schließlich auf die B33 in Richtung Konstanz abbogen, um weiter bis nach Hegne zum Campingplatz zu fahren. Nach einer entspannten Fahrt kamen wir am frühen Abend an. Nachdem wir unseren Stellplatz zugewiesen bekommen hatten, versuchte ich, mein Auto rückwärts auf die Parzelle zu manövrieren. Geschafft! Jetzt konnte der Kurzurlaub beginnen. Ich packte als Erstes die Fahrräder vom Fahrradträger herunter, anschließend holte ich die Tasche mit dem Zelt heraus. Zum Glück war noch eine Anleitung dabei. Im Grunde war es recht einfach aufzubauen und zu zweit ging es natürlich viel leichter.

In der Tasche war eine schwarze, rechteckige Plane – der Boden. Diese legten wir dann natürlich auf den Boden an die Stelle, an der später das Zelt stehen sollte. Außerdem enthielt die Tasche das Zelt, Schnüre, sechs Stangen aus Fiberglas zum Zusammenstecken und jede Menge Heringe. Bei den Stangen gab es zwei unterschiedliche Längen, also steckten wir zunächst alle zusammen, um sie sortieren zu können. Die längeren Stangen führten wir zuerst längs in die Zeltplane ein und steckten sie anschließend in die dafür vorgesehenen Ösen. Nun formte sich das Zelt bereits halbrund zu einer riesigen Ziehharmonika. Im nächsten Schritt steckten wir die drei kürzeren Stangen längs in die vorgesehenen Stellen und spannten das Zelt anschließend zu einem großen Quader.

Nun konnten wir es zu zweit einfach anheben und so verrücken, wie wir es brauchten, um dann im nächsten Schritt an den vier Ecken die Heringe im Boden einzuschlagen. An der Rückseite des Zeltes, zum Auto hin, befand sich ein großer Reißverschluss, um die gesamte Seite zu öffnen. Zusätzlich war auf der Seite an der Decke ein Überhang, der "Tunnel" genannt wurde. Diesen konnte man am Auto befestigen, wenn man über eine Kederschiene verfügte. Ich spannte ihn einfach mit den Schnüren über das Auto und fixierte ihn mit den Heringen am Boden. Fertig – in nur eineinhalb Stunden! Für das erste Mal Aufbauen waren wir sehr zufrieden mit uns. Jetzt wussten wir auch, dass wir den Boden als Letztes hineinlegen mussten, weil drei Spanngurte unter die Bodenplane gehörten. Pünktlich zum Anpfiff der deutschen Nationalelf saßen wir gemütlich im Zelt am Tisch mit Bier und Sekt.

Am nächsten Morgen nach dem Frühstück unternahmen wir eine tolle Radtour mit unseren neuen Bikes nach Konstanz, fuhren weiter bis zur Insel Mainau und kehrten am frühen Abend über schöne Radwege durch Wälder, Dörfer und Felder zurück zum Campingplatz. Der Abbau des Zeltes war wesentlich einfacher. Nachdem wieder alles gut im Auto verstaut war, montierte ich die Bikes auf den Fahrradträger. Unsere Neuen hatten eine E-Unterstützung mit einem Akku unter dem Gepäckträger und wogen deshalb etwas mehr als ein konventionelles Fahrrad, weshalb mir Franziska dabei half. Erholt und voller Emotionen fuhren wir zurück nach Hause. Dieser Campingplatz war überschaubar groß, alles war recht neu und sehr modern – sehr zu empfehlen!

Folierung unteres Armaturenbrett (07.07.2024)

Nun war es wieder an der Zeit gewesen, mich weiter um das Folieren meines Innenraums zu kümmern. Ich wollte natürlich unbedingt noch das Cockpit fertig bekommen. Es fehlte noch der gesamte untere Bereich unter dem Lenkrad, dem Schaltknauf und dem Handschuhfach. Ich hatte mir dafür bereits am Freitag nach der Arbeit im Bauhaus in Stuttgart-Mitte Klebefolie besorgt und den Akku meiner Powerbank aufgeladen. Die Stellen waren leider alles andere als einfach zu bekleben, da die Klebefolie an vielen Stellen aufgrund der Struktur der Oberfläche nicht richtig haften wollte. Im ersten Schritt säuberte ich die zu beklebenden Flächen. Danach föhnte ich sie, sodass sich die Oberfläche durch die Hitze etwas veränderte.

Die Geometrie des Schachts für den Schaltknauf war zum Bekleben mit einer Klebefolie in Holzmaserung überhaupt nicht geeignet. Nachdem ich es nach mehreren Versuchen geschafft hatte, die Folie so aufzubringen, dass die Maserung gleichmäßig vertikal verlief, beendete ich die "Klebe-Session" für diesen Tag und sammelte die nötige Motivation für den Bereich unter dem Handschuhfach. Am Sonntag, nach dem Frühstück, ging es gleich weiter. Ich schraubte das Netz unter dem Handschuhfach ab, um besser folieren zu können. Ich ging dabei genauso vor wie am Vortag. Zuerst gründlich reinigen, dann die Oberfläche so lange föhnen, bis sich die Struktur etwas verändert hatte, anschließend die Folie aufbringen und darauf achten, dass die Maserung einen ähnlichen Verlauf hatte wie die Folien darüber. Am Ende des Tages war ich natürlich mega stolz, aber auch sehr erschöpft von der Arbeit, denn die meiste Zeit lag ich eingeklemmt im Fußraum. Nun musste ich mir noch überlege, wie ich es mit dem Bereich des Airbags machen sollte, da ich beim letzten Mal keinen TÜV bekam, weil ich die Folie darüber geklebt hatte – was natürlich NICHT ZULÄSSIG ist. Vielleicht male ich es einfach braun an. :-)

Urlaub Frankreich (07.08.2024)

Auf nach Frankreich! Wir überlegten schon seit Längerem, einen Urlaub in Frankreich so zu verbringen, wie wir es zuvor in Italien getan hatten. Also stellten wir grob eine Route mit den Orten zusammen, an denen wir gerne campen würden. Die Region Bretagne gefiel uns besonders gut. Wir schauten uns dazu einige Videos auf YouTube an und entschieden uns, zur Halbinsel Quiberon zu fahren. Da das Ziel von Stuttgart aus etwa 1.200 Kilometer entfernt lag, planten wir einen Zwischenstopp ein. Der Stopp war Chartres, das ungefähr 740 Kilometer entfernt lag.

Chartres ist eine Stadt in Frankreich, etwa 90 Kilometer südwestlich von Paris in der Region Centre-Val de Loire. Sie ist vor allem für ihre beeindruckende Kathedrale Notre-Dame de Chartres bekannt, die als Meisterwerk der gotischen Architektur gilt und zum UNESCO-Weltkulturerbe gehört. Die Altstadt beeindruckte uns mit ihrer schönen mittelalterlichen Architektur, den kleinen Gassen und den Fachwerkhäusern. Wir spazierten entlang des Flusses Eure, schlenderten durch die Altstadt und liefen hinauf zur Kathedrale, um sie zu besichtigen. Sie wurde zwischen 1194 und 1250 erbaut und besaß eine beeindruckende Architektur mit riesigen, bunten Glasfenstern aus dem 12. und 13. Jahrhundert. Ihre Fassade war mit über 4.000 Skulpturen verziert. Der Campingplatz Le Chartres lag relativ zentral, unweit vom Stadtzentrum entfernt, direkt am Fluss. Der Platz war großartig, da er erst 2021 neu eröffnet wurde und unter der Verwaltung des Tourismusbüros von Chartres Métropole stand. Wir blieben eine Nacht, stellten nur kurz die Küche und die Stühle auf und ließen den Abend gemütlich ausklingen.

Quiberon (08.08.2024)

Auf ging es, gut ausgeschlafen und glücklich, nach Quiberon. Unser Ziel lag gut 430 Kilometer entfernt. Quiberon war eine Stadt und zugleich eine Halbinsel in der Bretagne, im Nordwesten Frankreichs. Sie lag im Département Morbihan und war bekannt für ihre beeindruckende Küstenlandschaft, feinsandigen Strände und das raue Meer an der Côte Sauvage, der "Wilden Küste". Wir starteten auf der A11 in Richtung Le Mans und fuhren dann auf der A81 in Richtung Rennes. Der Verkehr war moderat und wir kamen gut durch – bis nach Auray. Dort merkten wir deutlich, dass auch in Frankreich Urlaubszeit war und Quiberon ein sehr beliebtes Reiseziel für Franzosen war. Da der einzige Zugang mit dem Auto über eine sehr enge Landzunge führte, staute sich der Verkehr extrem. Es war ganz schön kräftezehrend – ein Stau bis zum Horizont. Als wir schließlich die 30 Kilometer von Auray bis zur Halbinsel gemeistert hatten, überraschte uns ein wunderschöner Ausblick auf das Meer in beiden Richtungen.

Bis zum Campingplatz am anderen Ende der Halbinsel waren es noch rund elf Kilometer, doch wir kamen nur langsam voran. Nach einer guten halben Stunde bogen wir schließlich zum Le Conguel – Camping Siblu ein. Es war ein Vier-Sterne-Campingplatz, nur zehn Meter vom Strand entfernt. Die Anlage war überschaubar groß und bot eine Auswahl an Mobilheimen in verschiedenen Komfortstufen, darunter die Kategorien „Esprit", „Élégance" und „Excellence". In der Mitte der Anlage gab es zahlreiche Sportmöglichkeiten wie Beachvolleyball, Boule und Tischfußball. Außerdem standen ein beheiztes Freibad, ein überdachtes Schwimmbecken mit Liegestühlen sowie Wasserrutschen und ein Whirlpool zur Verfügung.

Natürlich waren auch ein Restaurant, eine Bar, ein kleines Lebensmittelgeschäft sowie ein Spielplatz vorhanden. Nachdem wir eingecheckt hatten, suchten wir unseren Stellplatz. Der Bereich für konventionelles Camping war leider etwas mager und der Weg zu den sanitären Anlagen lag eher ungünstig. Im Vergleich zu deutschen Campingplätzen wirkten die sanitären Einrichtungen eher dürftig und marode – bei den vier Sternen hätte man in diesem Punkt mindestens drei abziehen können. Wir rangierten den Bulli auf die Parzelle und standen nach mehrfachem Hin und Her endlich passabel im Lot. Der Aufbau des Buszelts lief mittlerweile routiniert – wir waren ein eingespieltes Team. Nachdem wir unser Lager errichtet hatten, wollten wir unbedingt die Umgebung erkunden. Also spazierten wir direkt los zur Pointe du

Conguel, der südlichsten Spitze der Halbinsel Quiberon – eine beeindruckende Naturlandschaft mit großartigem Blick auf den Atlantik und die Inseln Belle-Île-en-Mer, Houat und Hoëdic. Die Pointe lag quasi direkt um die Ecke – wahnsinnig schön, einfach traumhaft.

Beim Erkunden kamen wir an einem Parkplatz vorbei, auf dem bestimmt 20 Campervans standen, darunter ein wunderschöner VW T2. Die Leute saßen mit ihren Stühlen vor den Autos und genossen das Leben mit Blick auf das Meer. Den schönen Abend ließen wir mit einem Glas Weißwein ausklingen und kuschelten uns im Bulli zusammen. In den kommenden vier Tagen erkundeten wir die Halbinsel mit unseren E-Bikes. An einem Tag fuhren wir einmal um die Insel herum, meist entlang der Küste. Am schönsten gefiel uns der Küstenabschnitt auf der Westseite der Halbinsel – eine spektakuläre, wilde Küstenlandschaft mit zahlreichen kleinen Buchten und Höhlen, die durch die Erosion des Meeres geformt worden waren. Wir radelten auf einem Panorama-Radweg entlang der Küste in Richtung Norden zum Ort Portivy. Portivy war das einzige Hafenörtchen an der Westküste im Norden und ein echter Geheimtipp für alle, die die raue Schönheit der Bretagne erleben wollten – aber in einem entspannten, ursprünglichen Ambiente.

Weiter ging die Fahrt nordwärts, am Fort de Penthièvre vorbei, durch die Landverengung am Plage de Penthièvre Océan und weiter nach Plouharnel zur Brasserie, wo wir gemütlich zu Mittag aßen. Da wir in der Bretagne waren, bestellte ich natürlich einen Apfelwein – dummerweise gleich eine ganze Flasche, da mein Französisch „n'est pas bon" war. So wurde die Rückfahrt um 14:00 Uhr zu einer kleinen Herausforderung für mich. Am nächsten Tag unseres Aufenthalts in Quiberon fuhren wir zum Hafen "Port Maria", um eine Fähre nach Le Palais auf der Insel "Belle Île en Mer" zu nehmen. Nach einer guten Stunde auf der Fähre liefen wir im Hafen von Le Palais ein. Die Stadt hatte etwa 2.500 Einwohner und war das wirtschaftliche und kulturelle Zentrum der Insel. Nach einigen Stunden Schlendern durch die Stadt ließen wir uns am Hafen in einem Restaurant nieder, tranken einen Kirin Breton – ein bretonischer Twist des französischen Kir mit Cidre und Crème de Cassis – und warteten auf die Fähre zur Rückfahrt. Den letzten Tag auf Quiberon genossen wir mit Baden am Plage du Conguel, einem Spaziergang zum Hafen Port Haliguen und allgemeinem Entspannen auf dem Campingplatz.

Burgen und Schlösser an der Loire (16.08.2024)

Unsere letzte Etappe unseres Frankreichurlaubs hieß: Day & Night Camping Olivet. Der Campingplatz lag circa 500 Kilometer entfernt, in der Nähe von Orléans, einer Großstadt genau in der Mitte Frankreichs. Am Morgen brachen wir in Quiberon auf in Richtung Auray und kämpften uns durch den dichten Stau zurück aufs Festland. Anschließend fuhren wir auf der N165 in Richtung Vannes und wechselten dann auf die E60 in Richtung Nantes. Total willkürlich kam eine Mautstation nach der anderen – ein ständiges Abkassieren an den Mautstaionen auf der Autobahn A11 und A10 in Richtung Orléans. Schließlich erreichten wir gegen 16:00 Uhr den wunderschön gelegenen Campingplatz. Ein kleiner, idyllischer Ort am Fluss Loiret.

Der Campingplatz verfügte über 46 Stellplätze, eine sehr moderne Sanitäranlage, einen Minimarkt und einen kleinen Wagen neben der Rezeption, an dem wir Pizza bestellen konnten. Unsere Parzelle lag an einem Hang, sodass wir das Auto oberhalb der Parzelle direkt am Weg parkten, um halbwegs in Waage zu stehen. Nachdem wir Tisch, Stühle und Küche herausgestellt und die Fahrräder vom Träger geholt hatten, erkundeten wir erst einmal die Umgebung. Mit den Bikes fuhren wir zum Fluss Loire, um dort entlangzuradeln. Leider mussten wir feststellen, dass die von uns erhofften idyllischen Radwege, wie wir sie aus Deutschland kannten – etwa entlang des Neckars – hier nicht vorhanden waren. Also kehrten wir bald um und verbrachten den Rest des Tages mit entspanntem Camping. Wir saßen an unserer Parzelle am Tisch, blickten in Richtung Fluss und beobachteten die Flora und Fauna. Am nächsten Tag stand Sightseeing auf dem Programm. Wir hatten uns bewusst für das Loiretal entschieden, da es entlang dieses Flusses in Frankreich besonders viele Burgen und Schlösser gab.

Im Vorfeld unserer Reise hatten wir uns einige Videos bei YouTube dazu angesehen und stießen dabei auf die Burg Sully sur Loire. Diese beeindruckende mittelalterliche Festung am Ufer der Loire wurde im 14. Jahrhundert erbaut und diente den Herzögen von Sully als Residenz. Besonders markant fanden wir den massiven Donjon, die Wehrgänge und den Wassergraben, die das Schloss zu einer typischen Verteidigungsanlage des Mittelalters machten. Für acht EUR Eintritt bekamen wir einen schönen Einblick, wie die Bewohner damals gelebt haben mussten. Im Anschluss fuhren wir nach Orléans, um die Stadt zu besichtigen. Nachdem wir jedoch intensiv einen Parkplatz suchten und es derweil stark zu regnen begann, änderten wir unseren Plan und kehrten kurzerhand zum Campingplatz zurück. Dort angekommen, wurden wir leider von unserem naiven Leichtsinn überrascht. Aus Faulheit hatten wir die Stühle einfach angelehnt am Tisch stehen lassen, die Küche mit Kühlschrank nur mit einer kleinen Plane abgedeckt und andere Gegenstände im Freien zurückgelassen.

Als wir an unserer Parzelle ankamen, sahen wir, dass alles komplett nass und völlig dreckig war. Es musste wohl einen heftigen Wolkenbruch gegeben haben. Ich lief als Erstes zum Stromkasten und zog den Stecker heraus. Der Hang unserer Parzelle hatte sich in ein Schlammfeld verwandelt und die dicken Regentropfen hatten den Schlamm auf unser Inventar und an das Auto befördert. Den Abend verbrachten wir mit Aufräumarbeiten und einem Putzmarathon im Waschraum. Voller Vorfreude auf den nächsten Tag schlummerte ich schließlich ein. Am letzten Tag unseres Urlaubs, bevor es wieder zurück nach Stuttgart ging, besuchten wir eines der bekanntesten und beeindruckendsten Schlösser Frankreichs im Loiretal – das Schloss Château de Chambord. Es wurde ab 1519 auf Anordnung von König Franz I. erbaut und gilt als Meisterwerk der französischen Renaissance-Architektur. Besonders bekannt ist es für seine doppelte Wendeltreppe, die vermutlich von Leonardo da Vinci inspiriert wurde. Das Design der Treppe ähnelte einer Doppelhelix und passte perfekt zum Stil des Bauwerks. Das Schloss war ursprünglich als Jagdschloss konzipiert, sollte aber vor allem die Macht des Königs demonstrieren. Es lag in einem riesigen ummauerten Park, der so groß war wie Paris – das Anwesen umfasste etwa 5.440 Hektar. Ein Highlight unserer Besichtigung waren die Dachterrassen. Von dort hatten wir eine fantastische Aussicht auf das Schloss und die Gärten.

Die Gärten waren ursprünglich nicht geplant, wurden aber später unter König Ludwig XIV. angelegt. Die Bauzeit des Château de Chambord erstreckte sich von 1519 bis 1547 über 28 Jahre. Trotz seiner Größe wurde das Schloss nur selten bewohnt. König Franz I. selbst verbrachte dort nur etwa 50 Tage während seiner Herrschaft. Es war schlecht beheizbar und nicht für den dauerhaften Aufenthalt ausgelegt. Stattdessen nutzte der König es für große Jagdgesellschaften und prunkvolle Empfänge. Voller schöner Eindrücke verließen wir das Gelände und fuhren zurück zum Campingplatz. Am nächsten Morgen traten wir unsere Rückreise an. Vor uns lagen rund 730 Kilometer. Schließlich erreichten wir unser Zuhause am frühen Abend. Müde und geschafft schleppten wir die nötigsten Sachen nach oben in die Wohnung und genossen den Abend entspannt auf der Couch.

Kosten (16.02.2025)

Das Ende meiner Geschichte ist die Auflistung der Kosten für mein Projekt Campervan. Glücklicherweise hatte ich absolut jeden Kassenzettel und jede Rechnung aufgehoben. Für Einkäufe, bei denen ich keine Rechnung erhalten hatte – wie zum Beispiel bei meinen Käufen über eBay Kleinanzeigen – hatte ich mir einen Screenshot auf dem Handy gemacht und diesen ausgedruckt. Natürlich waren auch Kosten angefallen, die nichts mit dem eigentlichen Ausbau zu tun hatten, wie beispielsweise Ordnungswidrigkeiten im Straßenverkehr, KFZ-Steuer, KFZ-Versicherung, TÜV und ähnliche Ausgaben. Diese hatte ich einfach separat zusammengerechnet.

Abrechnung:

KFZ: 6.500 EUR

Werkstattkosten: 2.774,96 EUR

KFZ-Teile: 1.585,46 EUR

Gegenstände für Campingbedarf: 3.522,60 EUR

Baumarkt: 2.468,23 EUR

Gesamtkosten: 16.851,25 EUR

Kosten die separat aufgelistet wurden:

KFZ-Steuer: 4x 172 EUR

Zulassungsstelle: 104,10 EUR

TÜV / DEKRA: 423,58 EUR

ADAC-Mitgliedsbeitrag: 4x 50 EUR

ADAC-Rechtschutzversicherung: 4x 256,14 EUR

ADAC-KFZ-Versicherung: 695,28 EUR (2020), 892,19 EUR (2021),

702,46 EUR (2022), 702,46 (2023), 689,31 (2024)

Bußgeld: 168,50 EUR

Feuerwehreinsatz: 4.785,53 EUR

Gesamtkosten: 10.907,47 EUR

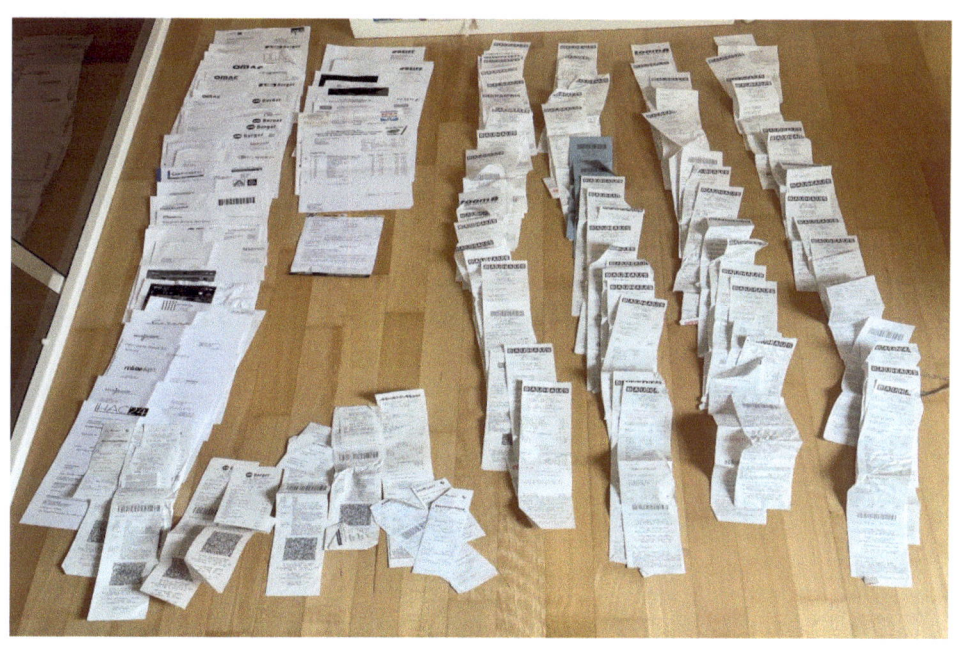

Fazit (20.02.2025)

Zum Schluss möchte ich dir noch ein Fazit zum Projekt geben. Ich hatte vier Jahre lang eine ganze Menge zu tun, was mich in aller Regel sehr erfreut hatte. Da ich vorher noch nie ein Auto besessen hatte, sammelte ich viele neue Erfahrungen und erweiterte mein Wissen. Natürlich entstanden auch Kosten durch dieses Projekt – genau diese waren der Kernpunkt des Fazits. Ich hatte großes Glück, dieses Fahrzeug zu einem so geringen Preis zu erwerben. Mit dieser "geringen" Laufleistung kosteten diese Autos (Stand 2025) gut 15.000 EUR und mehr. Des Weiteren musste man schon sehr, sehr viel Lust verspüren, um sich einem solch riesigen Aufwand zu widmen. Welche Alternativen hätte es gegeben? Mindestens zwei: Die erste Variante wäre die teurere Alternative gewesen – das Sparen für einen VW T5/T6 California. Für einen Gebrauchten mit unter 100.000 Kilometern zahlte man leider zwischen 40.000 und 60.000 EUR, je nach Ausstattung. Das hätte in meinem Fall bedeutet, dass ich ungefähr zehn Jahre lang eisern hätte sparen müssen, ohne mir in dieser Zeit groß etwas gönnen zu können. Natürlich wäre auch ein Kredit möglich gewesen, doch dann hätte ich locker noch einmal 5.000 EUR oder mehr an Zinsen obendrauf zahlen müssen.

Die zweite Variante wäre gewesen, einen fertig ausgebauten Camper von Fremdanbietern wie MobiVan, MultiCamper, WaveCamper, SpaceCamper, Vantopia oder Custom-Bus zu erwerben – um nur einige der unzähligen Anbieter allein in Deutschland zu nennen. Der Preis für einen ausgebauten VW-Bus war jedoch sehr individuell und hing stark von den Wünschen des Kunden ab. Es war ehrlich gesagt wie die Suche nach der Nadel im Heuhaufen. Mit Glück fand man ein Modell bei einem Anbieter für ungefähr 40.000 EUR – ein gut erhaltenes Gebrauchtfahrzeug mit unter 100.000 Kilometern. Alternativ gab es auch Neuwagen aus dem Restbestand des VW T6.1 mit einem Individualausbau für 100.000 EUR.

Es gab jedoch keinen Anbieter, bei dem ich für den Preis keine Kompromisse hätte eingehen müssen. Ich wollte einfach nicht so viel Geld ausgeben, wenn mich das Angebot nicht zu 100 % überzeugte. Also wählte ich den Weg des Selbstausbaus.

Danke, liebe Leserin und lieber Leser, dass du dir die Zeit genommen hast, mich auf meiner spannenden und aufregenden vierjährigen Reise zu begleiten! Falls du noch mehr erfahren möchtest, empfehle ich dir, meinen Blog anzuschauen oder mich in unserem BMX-Geschäft zu besuchen:

https://www.john-kraemer.blogspot.com

https://www.kunstform.org

An letzter Stelle meines ersten Buches möchte ich mich besonders bei folgenden Personen bedanken:

Meinem Bruder Kevin Krämer für die tatkräftige Unterstützung meines Projekts.

Meinem Kumpel Jarno Kiesele für das Entsorgen der Gastanks und deine Freundschaft.

Meiner Partnerin Franziska Müller für ihre Ausdauer, ihre Geduld und die schönen Reisen mit ihr.

Meinen Eltern Berit und Christian Krämer dafür, dass sie mich in allen Lebenslagen immer unterstützten und ich unterbewusst durch sie zum Camping gekommen bin.

Die letzten Worte richten sich an meine Oma Christa Krämer – ich hoffe, du wärst stolz auf mich!

R.I.P.

© 2025 John Krämer
Verlag: BoD · Books on Demand GmbH, Überseering 33,
22297 Hamburg, bod@bod.de
Druck: Libri Plureos GmbH, Friedensallee 273, 22763 Hamburg
ISBN: 978-3-8192-4724-8